멘토링 및 청소년 동반자 활동을 위한
상담적 접근

학습 멘토링
길라잡이

멘토링 및 청소년 동반자 활동을 위한
상담적 접근

학습 멘토링 길라잡이

김은향 · 김수임 · 신선임 · 이자명 공저

PRACTICE GUIDE TO
LEARNING MENTORING
A Guide for Learning Mentors
and Youth Companion

학지사

2012년 『청소년 멘토링 길라잡이』를 출간한 후로, 새로운 결실을 맺는 데까지 꼬박 4년이 걸렸다. 그동안 여러 독자들은 감사하게도 우리 저자들에게 책에 대한 의견과 후속 작업에 대한 희망을 전해 주었고, 저자들은 청소년 멘토링에 대해 어떤 방향으로 접근하고 기여할 것인지 의견을 나누었다.

시간이 흐르는 동안 그저 생소하게만 여겨졌던 '멘토링'은 어느새 우리 사회 구성원들이 친숙하게 받아들이는 영역이 되었고, 그 대상과 방법 또한 다양해졌다. 하지만 그 다양성의 증가에도 불구하고 '학습 멘토링'은 여전히 가장 대표적인 멘토링 주제다. 이는 멘토링 활동 대부분이 대학생 멘토와 아동 및 청소년 멘티로 이루어진다는 점과 아동·청소년 시기에 학습이 차지하는 중요성이 매우 크다는 점에서 기인한다. 지금 이 순간에도 우리 사회 어디인가에서는 '학습 멘토링'이 이루어지고 있으며, 많은 멘토는 자신이 맞닥뜨린 어려움에 대한 해결책을 구하고 있을 것이다.

이에 저자들은 가장 대표적인 멘토링 주제라 할 수 있는 '학습 멘토링'에 대해 멘토들이 정확한 개념을 가지고 보다 쉽게 접근할 수 있도록 돕기 위해 이 책을 집필하였다.

이 책은 크게 제1부 '학습 멘토링'과 제2부 '멘토링 실제', 그리고 제3부

'학습 멘토링 활용 자료'로 구성되었다.

　제1부에서는 학습 멘토링의 개념과 목적, 형태와 내용, 효과 등을 다루어 멘토들의 학습 멘토링에 대한 이해를 돕고자 하였다. 제2부에서는 학습 멘토링의 준비부터 마무리까지 각 단계에 맞는 지침을 제시하였다. 멘토링의 흐름에 맞게 원활한 운영을 위한 내용이 제시되었으며, 특히 멘토링 상황에서 멘토들이 자주 고민하게 되는 주제에 대해 자세히 다루고자 노력하였다. 멘토링을 관리하고 효과성을 높이기 위해 슈퍼비전이 이루어진다면 제1부와 제2부를 교재로 활용해도 좋을 것이다. 마지막 제3부에서는 학습 멘토링을 실행할 때에 필요한 각종 양식 및 워크시트를 제시하였다. 이 책에 제시된 양식을 적절히 활용한다면 더욱 원활하고 효과적인 학습 멘토링을 진행할 수 있을 것이다.

　또, 이 책은 아동 및 청소년들을 돕는 대학생 멘토뿐 아니라 청소년 동반자(Youth Companion: YC)에도 초점을 두고 있다. 청소년 동반자는 위기 청소년에 대한 일대일 상담과 청소년의 자기계발을 위한 서비스를 지원하고 정상적으로 사회에 복귀할 수 있도록 돕는 역할을 한다. 이런 의미에서 본다면, 청소년 동반자 활동은 우리나라에서 이루어지는 가장 큰 규모의 청소년 멘토링이라고 할 수 있다. 하지만 최근 청소년 동반자들의 활동이 증가하고 있음에도, 이들이 실질적으로 도움을 얻을 수 있는 지침서가 그리 많지 않다는 것은 무척이나 안타까운 일이다.

　이 책이 대학생 멘토와 청소년 동반자가 학습 멘토링의 방향을 설정하고 효과적으로 진행하는 데 도움이 되길 바란다. 또한 학습 멘토링을 실행하는 기관에서, 멘토들을 대상으로 하는 교육 및 슈퍼비전 교재로 활용함으로써 보다 내실 있는 멘토링 결과를 이룰 수 있길 희망한다.

　그간 저자들이 바쁜 일정을 쪼개 서로 의견을 나누고, 글을 다듬는 일은 분명히 힘든 과정이었지만, 동시에 충분히 즐겁고 의미 있는 시간이었기에 서로를 위한 격려와 감사를 나누고 싶다. 그리고 흔쾌히 이 책의 출판을 맡아 주신 학지사 김진환 사장님을 비롯하여 양수연 편집자, 최윤희 과장님 등 여러 직원이 보여 준 정성과 노력에 감사드린다.

우리가 세상에 내보내는 작지만 소중한 결실이 또 다른 씨앗이 되어 모두를 위한 큰 나무로 성장할 수 있길 바란다.

2016년 6월
저자 일동

1부 학습 멘토링의 이해

1장 |

학습의 의미

학습 멘토링 길라잡이

학습이란 무엇일까요? 학습의 의미에 대해 여러 학자는 다양하게 정의해 왔습니다. 오래전 어떤 학자[1]는 학습을 경험이나 연습의 결과로 생기는 비교적 영속적인 행동의 변화라고 하였습니다. 또 다른 학자[2]는 학습이란 경험의 결과로 생기는 비교적 영속적인 정신표상, 또는 정신 연합의 변화라고 하였습니다. 이처럼 서로 다른 시대에 정의된 두 가지 정의를 바탕으로 생각해 보면, 학습은 인간이 변화할 수 있다는 가능성을 전제함을 알 수 있습니다. 또한 궁극적으로 학습에서 추구하는 바는 다름 아닌 '변화'라고 볼 수 있습니다. 다시 말해, 학습이란 경험이나 연습의 결과로 생기는 비교적 영속적인 변화를 의미합니다. 다음 [그림 1-1]의 삼각형은 이러한 학습의 의미에 대해 시각적으로 보여 줍니다.

이러한 학습은 평생에 걸쳐 이루어지는 것이지만, 특히 초 · 중 · 고 시기의 청소년들에게 중요한 발달과업이라 할 수 있습니다. 인간의 영속적인 변화라는 이론적인 시각이 아니더라도, 학습은 실제적으로 상급학교로 진학하고 취업하는 데 있어서 중요한 기능을 하며, 향후 성인이 된 이후의 삶에도 커다란 영향을 미칩니다. 더욱이 우리나라 현실에서는 상급학교 진학과 적절한 직업

---

1) Morgan & King(1971)
2) Ormond(2004)

[그림 1–1] 학습의 의미

선택이 개인의 성공과 행복을 가늠하는 의미 있는 요인으로 여기고 있기 때문에 이와 관련하여 많은 고민과 갈등이 유발되고 있는 실정입니다.

여러 연구[3])에서 우리나라 학생들이 학습에 대해 많은 정신적인 부담감과 압박감을 느끼고 있다는 것이 보고되었습니다. 2012년까지 전국 청소년상담지원센터 및 한국청소년상담원 등을 통해 보고된 우리나라 청소년들의 고충에 대한 상담 내용의 연도별 현황에 따르면, 우리나라 청소년들이 상담 장면에서 가장 많이 호소하는 주요 문제 역시 학업 및 진로 문제로 나타났습니다.[4]) 이렇게 청소년들의 주요 관심사가 학업인 만큼 이에 대한 많은 관심이 요구됩니다.

요약

- 학습이란 경험이나 연습을 통해 비교적 지속하여 이루어지는 변화를 의미한다.
- 학습은 초·중·고 시기의 청소년들에게 많은 고민과 갈등을 가져오는 주요 관심사다.

---

3) 강명희, 이수연(2013); 아영아, 정원철(2010); 이서원, 장용언(2011)
4) 김동일 외(2011)

2장 | 　　　　　　　　　　　　　　　　　　　학습 멘토링 길라잡이

학습 멘토링의 의미와 목적

1. 학습 멘토링의 의미

멘토링이란 상대적으로 경험과 지식이 많은 사람이 스승의 역할, 즉 멘토(mentor)가 되어 도움이 필요한 대상자인 멘티(mentee)를 꾸준히 지도하거나 조언을 해 주면서 멘티의 실력과 잠재력을 향상시키는 것 또는 그러한 도움 활동을 하는 체계를 의미합니다.[1] 우리나라 청소년들 대상의 멘토링은 주로 학습 멘토링, 진로 멘토링, 인성 멘토링의 세 가지 영역으로 이루어져 왔습니다.

요약

> **학습 멘토링이란**
> • 멘토와 멘티의 관계를 기반으로
> • 멘티의 학습 능력 향상에 초점을 두며
> • 나아가 멘티의 긍정적인 변화를 조력하는 활동이다.

---

1) 김수임 외(2012)

'멘토'라는 단어는 호메로스(Homeros)의 『오디세이아 (Odysseia)』에 나오는 오디세우스의 충실한 조언자의 이름에 서 유래한다.

오디세우스는 트로이 전쟁에 출정하면서 집안일과 아들 텔레마코스의 교육을 그의 친구인 멘토에게 맡긴다. 오디세 우스가 전쟁에서 돌아오기까지 무려 10여 년 동안 멘토는 왕자의 친구, 선 생, 상담자, 때로는 아버지가 되어 그를 잘 돌보아 주었다. 이후로 멘토라는 그의 이름은 지혜와 신뢰로 한 사람의 인생을 이끌어 주는 지도자의 동의어 로 사용되었다.

* 출처: 네이버 지식백과

학습 멘토링은 전반적인 학습 능력이나 특정 영역에서의 학습 능력을 향상 시키는 데 초점을 두고 이루어집니다. 진로 멘토링은 청소년의 적성과 흥미 를 발견하고 미래에 대해 설계를 하며 이를 위해 필요한 정보와 기술을 습득 할 수 있도록 하는 데 목적이 있습니다. 마지막으로 인성 멘토링은 청소년과 의 신뢰할 만한 관계를 기반으로 청소년의 발달과업인 정체감 확립을 도우며 사회구성원으로서의 적응력을 높이는 데 초점을 둡니다.

이와 같은 멘토링의 특성을 바탕으로 생각해 볼 때 학습 멘토링이란 '멘토 와 멘티의 관계에 기반하여 멘티의 전반적 학습 능력 및 특정 영역에서의 학 습 능력을 향상시키고, 더 나아가 멘티의 긍정적인 변화를 조력하는 활동'이 라 할 수 있습니다.

최근 빈부 격차에 따라 교육의 기회가 불균등해지는 현상이 심화되면서 계 층의 차이가 자녀들의 대학 입시에도 영향을 미치고 있습니다. 이러한 현상은 언론에서도 자주 보도되었습니다. 소위 '개천에서 용 난다.'는 속담은 더 이상 요즘 사회에 적용되지 않는 것으로 인식되고 있습니다. 이러한 사회적 현상

속에서 멘토링, 그중에서도 특히 학습 멘토링은 저소득층을 비롯한 취약계층 학생들에게 교육의 기회를 제공함으로써 이러한 문제를 보완할 수 있는 좋은 방안이 됩니다.

읽을거리

무너진 교육 사다리…… '아버지 스펙' 못 넘는 아이들

어느 사회에나 계층은 존재한다. 그렇지만 건강한 사회는 계층 이동의 통로가 열려 있어야 한다. 가장 중요한 계층 이동 사다리는 교육이다.

한국교육개발원은 2009년에 1956~1965년 출생자 2,038명을 대상(조사 당시 44~53세)으로 아버지의 직업, 교육수준이 조사 대상자의 직업에 미치는 영향을 분석했다. 조사 결과, 가정배경보다는 본인의 교육수준이 직업을 결정하는 데 영향력이 컸다. 이들 세대만 하더라도 공부만 열심히 하면 계층 이동이 가능했다는 의미다.

하지만 이들 자녀 세대에서는 상황이 달라졌다. 권영길 의원(민주노동당)은 지난해 서울 시내 외국어고와 일반고 신입생의 아버지 직업을 조사했다. 외고는 전문직 부모 비율이 20.22%였지만, 일반고는 4.28%였다. 경영·관리직 부모 비율 역시 외고는 24.55%, 일반고는 8.84%로 차이가 컸다. 새로운 학벌을 대변하는 외고의 경우 부모 소득이 상위에 속하는 신입생이 전체의 절반에 육박하고 있다. 전문가들은 사교육의 확대가 교육기회 불균형 확대의 큰 원인이라고 지적한다.

김희삼 한국개발연구원(KDI) 연구위원은 "세대 간 계층 이동성을 회복하기 위해서는 출발선 격차를 줄이기 위한 조기 개입이 필요하다. 대학생 멘토링 사업 등을 확대해 취약계층 청소년에게 동기를 부여해야 한다."고 말했다. 한승희 서울대 교육학과 교수는 "현재의 평준화 시스템은 상위 5~10% 아이들을 위해 다수가 희생할 뿐 중간층이 어떤 교육을 받고 어떤 직업을 갖게 될지 고민하지 않는다. 중간층을 위한 커리큘럼이 필요하다."고 지적했다.

* 출처: 동아일보 기사(2010년 08월 17일자.)

2. 초등학생 학습 멘토링의 목적

피아제(Piaget)의 이론에 따르면 초등학생 시기는 '구체적 조작기'에 해당합니다. 구체적 조작기의 아동은 조작기의 자기중심성에서 벗어나 자신의 입장과 다른 사람의 입장이 다르다는 점을 인정할 수 있으며 구체적인 형태의 물체, 사건 및 경험에 대해 논리적이고 체계적으로 사고할 수 있습니다. 다시 말해, 아동은 눈에 보이는 구체적인 사실을 바탕으로 문제를 논리적으로 해결하는 방법을 배워 나가며, 이러한 과정을 통해 자신감을 얻고 실질적 수행 능력을 키울 수 있게 됩니다.

에릭슨(Erickson)은 이 시기를 '근면성 vs. 열등감'의 단계라고 일컬었습니다. 아동들은 이 시기에 많은 활동에 적극적이고 만족스러운 참여를 함으로써 근면성을 습득하고 이것이 실패할 경우 열등감을 경험하게 됩니다. 따라서 아동기에는 학교 과제에서의 성공경험과 성취감을 맛볼 수 있도록 돕고, 규칙적인 학습 습관과 효율적인 학습 방법을 습득하도록 할 필요가 있습니다.[2]

요약

초등학생 대상 학습 멘토링의 목적
- 아동이 학습 과제를 통해 성공경험을 할 수 있도록 한다.
- 아동이 학습 과제를 잘 이해하고 수행할 수 있도록 한다.
- 아동이 바람직한 학습 습관을 형성할 수 있도록 한다.
- 부모 및 교사와 협력한다.
- 필요한 경우 전문적 치료나 교육으로 연계한다.

---

2) 김동일 외(2011)

3. 중·고등학생 학습 멘토링의 목적

피아제의 이론에 따르면 이 시기는 구체적 조작기에서 '형식적 조작기'로 넘어가는 시기에 해당합니다. 이 시기에 청소년은 이성적이고 추상적으로 생각하는 능력을 갖게 됩니다. 즉, 구체적인 대상 없이도 추론을 하고 해석적 사고를 할 수 있습니다. 그러나 아직 현실판단 능력이나 문제해결 능력은 부족한 편입니다.

에릭슨은 이 시기를 '정체성 vs. 역할혼미' 단계로 설명하였습니다. 청소년들은 이 시기에 자아정체성을 결정하게 되며 이러한 발달과제가 실패할 경우 역할혼미를 경험하게 됩니다. 부모로부터 독립을 추구하면서 또래관계가 특히 중요해지고, 학습과 관련해서는 이전 시기와 달리 공부의 의미와 목적에 대해 탐색하며 자신의 진로에 대해 고민하게 됩니다.[3]

이를 바탕으로 중·고등학생을 대상으로 한 학습 멘토링의 목적에 대해 정리해 보면 다음과 같습니다.

요약

중·고등학생 대상의 학습 멘토링의 목적

• 신체적·정신적으로 급격한 변화가 일어나는 시기이므로 이러한 발달적 변화에 대해 잘 이해하도록 한다.
• 청소년이 전반적으로 학습 능력과 관련하여 학습된 무기력감에 빠져 있을 가능성이 높으므로 학습 전략과 같이 상대적으로 쉽게 변화시킬 수 있는 영역에 대한 지식을 습득하게 함으로써 학습에 대해 긍정적인 관점을 가질 수 있도록 한다.

---

3) 이대식 외(2010)

- 청소년의 또래관계에 대해 관심을 가지고 살펴보며 원활한 관계를 맺는 데 경험하는 고충을 이해해 주고 잘하는 점을 칭찬함으로써 장점을 강화하도록 한다.
- 진로에 대해 관심이 많아지는 시기이기 때문에 진로관련 정보를 제공하거나 청소년이 자신의 적성을 탐색하고 직업이나 전공과 연결할 수 있도록 한다.
- 청소년과의 멘토링 활동을 부모와 공유함으로써 부모가 청소년에 대해 더 잘 이해하고 부모가 적절한 지지를 제공할 수 있도록 한다.
- 필요한 경우 전문적인 치료나 교육으로 연계한다.

3장 |

학습 멘토링의 형태와 내용

멘토링이 워낙 다양한 형태로 활발하게 이루어지다 보니 많은 사람이 멘토링을 친숙하게 받아들이고 있지만, 이를 정확히 구분하고 설명하는 데에는 여전히 어려움을 겪곤 합니다. 여기에서는 일반적인 멘토링의 구분 기준을 바탕으로 학습 멘토링의 형태와 내용을 정리해 보도록 합시다.

1. 비공식적 vs. 공식적 멘토링

학습 멘토링은 멘토링 관계의 성격에 따라 비공식적 멘토링과 공식적 멘토링으로 구분할 수 있습니다.

1) 비공식적 멘토링

대학에 입학한 신입생을 떠올려 봅시다. 잘해야겠다는 의지가 하늘을 찌르지만, 막상 첫 학기에 수강신청은 어떻게 해야 할지, 과제와 시험은 어떻게 준비하면 될지, 그 외의 공부는 어떤 것을 어떻게 하면 좋을지 막막하기만 한 경우가 많습니다.

이럴 때 믿을 만한 선배가 멘토가 되어 준다면 학습뿐 아니라 학교생활 적응에도 큰 도움이 될 것입니다. 이처럼 선후배나 또래관계에서 신뢰를 바탕으로 자연스럽게 이루어지는 멘토링을 비공식적 멘토링이라고 합니다.

비공식적 멘토링은 이미 형성된 관계 속에서 서로의 합의에 의해 자연스럽게 이루어지다 보니 멘토와 멘티 모두 적극적이고 자율적으로 참여할 뿐 아니라, 필요에 따라 그 기간이나 방법을 다양하게 할 수도 있다는 것이 장점입니다. 반면에 멘토의 역량이나 성품에 따라 그 효과가 좌우되는 경향이 크다는 단점이 있습니다.

앞서 언급했던 대학신입생을 위한 학습 멘토링을 떠올려 봅시다. '학습 효과를 높이고 대학생활 적응을 잘하도록 돕는다'는 동일한 목적을 갖고 한 학기 동안 똑같이 멘토링을 한다 해도 어떤 멘토를 만나느냐에 따라 전혀 다른 효과가 나타나게 됩니다. 이것은 멘토 자신의 생각과 역량이 멘토링의 질을 좌우하는 비공식적 멘토링의 특성에서 비롯되는 한계라고 할 수 있습니다.

2) 공식적 멘토링

공식적 멘토링은 정부기관이나 교육기관, 기업, 지역사회 기관 등에서 멘토와 멘티를 모집하여 이루어지는 것을 의미합니다. 공식절차를 거쳐 선발된 멘토는 사전교육이나 슈퍼비전, 사후보고 등의 활동에 참여하게 되며, 일관된 목표를 달성하고자 노력하게 됩니다.

사전교육과 멘토링 과정에서 이루어지는 슈퍼비전, 보고서 작성 등의 여러 활동은 멘토의 역량에 따른 효과 차이를 최소화하고 어느 정도 일관된 결과를 기대할 수 있다는 것이 공식적 멘토링의 장점입니다. 또한 신뢰할 수 있는 주변인이 부족한 상황에 처한 청소년들에게는 공식적 멘토링이 더욱 큰 도움이 될 수 있습니다. 그래서 학교나 가정에서 학업이나 학교생활과 관련하여 적절한 관심이나 도움을 얻지 못하는 청소년들을 위한 공식적 멘토링이 활발히 이루어지고 있습니다.

결론적으로 최근 청소년 대상 학습 멘토링의 가장 대표적인 형태는 바로 공식적 멘토링이라고 할 수 있습니다.

〈표 3-1〉 관계에 따른 멘토링의 형태

형태	비공식적 멘토링	공식적 멘토링
장점	• 멘토와 멘티의 높은 자율성 • 기간이나 방법의 다양성	• 멘토의 역량에 크게 좌우되지 않고 일관된 효과 기대 • 신뢰할 수 있는 주변인이 부족한 환경의 멘티에게 도움
단점	• 멘토의 역량과 성품에 따른 효과의 차이	• 기간이나 방법의 다양성 부족

2. 일대일 vs. 집단 멘토링

학습 멘토링은 규모에 따라 일대일 멘토링과 집단 멘토링으로 구분할 수 있습니다.

1) 일대일 멘토링

한 명의 멘토와 한 명의 멘티가 일대일의 관계를 맺게 되는 일대일 멘토링은 가장 전형적인 멘토링의 유형이라고 할 수 있습니다. 일대일 멘토링은 멘티의 상황과 능력을 충분히 고려한 활동을 전개할 수 있다는 장점이 있습니다. 대표적으로 장애학생을 대상으로 하는 멘토링의 경우 대부분 일대일로 이루어지는데, 이는 학생이 가진 장애의 종류와 어려움의 수준이 다르기 때문입니다.

2) 집단 멘토링

대부분의 공식적 멘토링은 가급적 많은 멘티에게 도움을 주는 것을 중요한 요건으로 생각하고 있기 때문에 집단 멘토링 형태로 이루어지는 경우가 많습니다. 한 명의 멘토가 여러 명의 멘티와 결연관계를 맺거나 여러 명의 멘토가 여러 명의 멘티와 멘토링을 진행하는 것이 바로 집단 멘토링의 형태입니다. 얼핏 생각하면 집단 멘토링의 효과가 일대일 멘토링의 효과보다 더 낮을 거라고 오해할 수 있지만, 집단 멘토링은 일대일 멘토링과는 또 다른 효과를 기대할 수 있습니다. 멘토와 멘티의 관계에서뿐 아니라 멘티들 간의 상호작용에서도 더 많은 도움을 얻을 수 있기 때문입니다.

학창시절을 떠올려 보면 선생님의 칭찬보다도 친구들의 인정과 격려가 더 큰 힘을 발휘했던 경우를 쉽게 떠올릴 수 있을 겁니다. 또, 동료들과 서로 배우고 함께 노력하는 과정에서 좋은 친구관계로 발전하는 경우도 종종 있습니다. 따라서 집단 멘토링은 동시에 보다 많은 청소년에게 도움을 줄 수 있다는 것과 집단원들 간에 긍정적 효과를 주고받을 수 있다는 점에서 점점 확대되는 추세입니다.

〈표 3-2〉 규모에 따른 멘토링의 형태

형태	일대일 멘토링	집단 멘토링
장점	• 멘티의 상황과 능력을 충분히 고려할 수 있음	• 한 번에 여러 멘티에게 도움을 줄 수 있음 • 멘티 간의 상호작용을 통한 긍정적 도움 기대
단점	• 집단 멘토링에 비해 기회비용이 높음	• 특수한 상황을 가진 멘티에게는 부적절할 수 있음

3. 오프라인 vs. 온라인 멘토링

학습 멘토링은 대면 여부에 따라 오프라인 멘토링과 온라인 멘토링으로
구분할 수 있습니다.

1) 오프라인 멘토링

이 중 대면적 상호작용을 기반으로 하는 오프라인 멘토링은 멘토와 멘티가
정해진 시각에 한 장소에 모여 얼굴을 마주하고 진행하는 일반적인 형태를
의미합니다. 멘토링이라는 것이 이미 멘토와 멘티의 만남을 전제로 하고 있기
에 오프라인 멘토링이 가장 전통적이고, 가장 효과적인 방식이라는 것은 누구
나 인정할 수 있습니다. 그러나 시간과 장소의 제약으로 인해 멘토링이 이루
어지는 것이 불가능한 경우가 종종 발생한다는 한계가 있습니다.

2) 온라인 멘토링

멘토링 활동을 직접 만나서 하면 좋겠지만, 이것이 어려울 경우에 보완할
수 있는 방법이 바로 온라인 멘토링입니다. 온라인 멘토링에서는 멘토와 멘티
가 직접 만나지 않고 인터넷 게시판이나 전자우편, 대화방 등을 활용하게 됩
니다. 그 효과성은 오프라인 멘토링에 비해 적을 수 있지만, 오프라인 멘토링
활동이 불가능한 상황에서는 아주 유용할 수 있습니다.

이처럼 온라인과 오프라인 멘토링은 그 특성과 장단점이 매우 다르므로 서
로 보완하여 적절히 사용하면 더욱 효과를 높일 수 있습니다.

〈표 3-3〉 대면 여부에 따른 멘토링의 형태

형태	오프라인 멘토링	온라인 멘토링
장점	• 지혜와 경험, 능력을 공유하고 정서적으로 지지해 주는 데 가장 적절한 형태	• 시간과 장소 등 환경적 제약에 좌우되지 않음
단점	• 시간이나 장소 등 환경적 제약에 취약	• 다양한 도움을 주고받는 데에 한계

4. 교육기회 제공 vs. 학습결손 최소화 멘토링

학습 멘토링은 취지에 따라 교육기회 제공에 초점을 둔 멘토링과 학습결손 최소화에 초점을 둔 멘토링으로 구분할 수 있습니다.

1) 교육기회 제공 멘토링

교육기회 제공을 위한 멘토링은 주로 저소득층 및 소외계층 청소년들에 대한 지원을 목표로 하여 정부기관 및 교육기관, 지역사회 기관 등을 중심으로 이루어지곤 합니다. 이를 통해 기대하는 바는 교육적 배려대상인 청소년들에게 좀 더 충분한 교육기회를 제공하여 학업을 돕는 것입니다.

사회적 배려대상자나 학교 밖 청소년들, 장애학생 등 다양한 어려움에 처한 멘티들에게 이러한 교육기회를 제공하는 것은 개인적으로나 사회적으로 매우 의미 있는 일이 될 수 있습니다. 다만, 저소득층이나 소외계층 청소년들을 주요 대상으로 하다 보니 차상위계층 학생들은 이러한 기회를 얻지 못하는 반면, 한 명의 학생이 여러 멘토링 프로그램에 중복해서 참여하게 되는 등 멘토링 참여 대상자의 제한으로 인한 문제가 발생할 수 있습니다.

2) 학습결손 최소화 멘토링

학습 멘토링 실시의 또 다른 취지는 학습결손 최소화입니다. 교육기회가 부족한 것은 아닌데 학습에 어려움을 겪는 학생들은 추가적인 학습결손을 예방하고 보완하기 위해 도움이 필요하기 때문입니다. 따라서 학습 멘토링에서는 멘티의 학습 환경을 점검하고 교사 및 학부모와의 협력관계를 통해 멘티의 학습역량 향상을 돕기 위해 노력합니다.

그런데 많은 학생이 사교육을 통해 학습결손 등의 문제를 해결하려고 하다 보니, 멘토링을 '과외'나 '학원'으로 치부하여 멘토의 의욕을 꺾어 버리는 경우가 많습니다. 따라서 멘토링 활동을 시작할 때에 '과외'나 '학원'과 분명한 차이가 있고 의미가 있는 활동이라는 점을 강조할 필요가 있습니다.

〈표 3-4〉 취지에 따른 멘토링의 형태

형태	교육기회 제공에 초점을 둔 멘토링	학습결손 최소화에 초점을 둔 멘토링
장점	• 다양한 어려움에 처한 멘티들에게 충분한 교육기회를 제공할 수 있음	• 학습에 어려움을 겪는 멘티의 학습역량 향상에 도움이 됨
단점	• 멘토링 참여 대상자가 한정되고 중복될 수 있음	• 사교육과 멘토링의 명확한 구분이 이루어지지 않으면 의미가 퇴색될 수 있음

요약

학습 멘토링은 관계의 성격과 규모, 멘토와 멘티 간의 대면 여부, 그리고 멘토링 활동의 취지에 따라 다양하게 구분할 수 있다.

4장 |

학습 멘토링의 효과

다양한 연구 및 경험적인 보고에서 학습 멘토링이 참여 멘티에게 도움이 되고 있음에는 이견이 없습니다. 그렇다면 구체적으로 학습 멘토링은 멘티에게 어떻게 도움이 되고 있을까요? 이와 더불어 멘토링은 멘티만을 위한 것일까요? 멘토가 멘토링에 시간과 노력을 쏟으면서 함께 배울 수 있는 방법은 없는지, 멘토는 어떤 효과를 기대하면서 멘토링을 운영하면 좋을지 함께 살펴봅시다.

1. 멘티 차원

안녕하세요. 선생님.

멘토링이 끝난 소감을 쓰려니 너무 쑥스러워요. 하지만 선생님이랑 함께 공부하면서 아는 친구도 생기고 멘토링이 끝나면 집에 같이 가는 친구가 생겨서 좋아요. 지난 번에 선생님이 내주신 숙제를 다 풀었더니 수학 시험에서 90점을 받았어요. 90점은 처음이라 할머니한테도 자랑 많이 했고요. 다음에 또 선생님이랑 공부하고 싶어요. 감사합니다.

- ○○초등학교 5학년 김수현 올림

선행 연구에 따르면 학습 멘토링 프로그램은 다양한 효과가 있습니다.[1] 특히 멘티는 학습 멘토링 프로그램에 참여함으로써 학업 성적뿐만 아니라 대인관계 능력이 향상되고, 문제행동이 개선되었으며, 진로를 모색하는 데 도움을 얻고 자존감이 향상되는 등의 긍정적인 변화가 나타납니다. 즉, 멘토링을 실제 운영한 멘토와 관련 실무자, 전문가 및 참여 멘티 등의 보고를 종합하자면 멘토링은 멘티의 심리적인 영역, 학업성취, 사회성, 학교적응, 문제행동 및 진로 영역 등에서 효과가 있었습니다.[2]

1) 심리적 효과

멘티와 관련한 심리적 특성 변화로는 무엇보다도 자존감, 유능감, 긍정적인 성격 특성 계발 등을 생각할 수 있습니다. 멘토링은 멘토와 멘티 간의 관계를 기반으로 이루어진 활동입니다. 이러한 둘 사이의 관계의 질이 프로그램 구성과 시너지 효과를 내면서 그 결과 멘티의 자아존중감이 향상됩니다.[3] 멘토링의 효과를 실제 멘토링 참여 청소년과 그렇지 않은 청소년 간의 비교를 통해 확인한 연구에서 보면 멘티가 멘토링 경험이 없는 청소년에 비해 자기효능감, 미래에 대한 목표 설정 등에서 앞섰습니다.[4] 이러한 심리적 특성의 향상은 멘토링 참여자의 인구학적 특징과는 상관없이 참여자 전반에서 일관되게 보고되는 효과입니다.

2) 학업적 효과

학업과 관련하여 보면, 멘티의 멘토링 참여는 학교생활에 대한 흥미를 높

---

[1] 고홍월, 이자명(2010); 김동일 외(2010); 박명신, 임선희(2013);
[2] 모상현, 박정배, 진은설(2012)
[3] Rhodes et al.(2005)
[4] 박현선(2000)

이고 이는 자연스레 학업흥미 및 성취, 더 나아가 학교생활 적응에서 변화가 일어나게 돕습니다. 특히 저소득층 및 결손가정 등 그간 멘티가 학습에 참여하거나 흥미를 가질 수 있는 기회가 제한되었을 만한 환경에 있을 때, 멘토링은 단순히 성적 향상을 넘어서 학업 자체에 대한 동기와 흥미를 불러일으키는 소중한 경험이 되기도 합니다.

학교에서 진행한 멘토링 프로그램에 참여한 청소년의 사례를 보아도, 멘토링 과정을 통해 참여자의 학업적 자기효능감, 자기조절학습, 학습 전략 등이 발달하였으며,[5] 학습 동기 및 학교생활 태도 전반이 개선되었습니다.[6] 특히 멘토와 일대일 혹은 소수정예로 학습 지원을 받음으로써, 멘티는 그간 간과되기 일쑤였던 수업 태도나 구체적인 학습 전략에서 세심하게 지도를 받고 향상될 수 있었습니다.

3) 문제행동 감소 및 학교적응 효과

여러 연구에서 멘토링 프로그램에 참여한 청소년들은 그렇지 않은 청소년들에 비해 비행참여율이 낮아졌고, 무단결석 등이 감소하였습니다.[7] 국내에서 보호관찰 청소년들을 대상으로 수행된 멘토링 프로그램을 보아도 멘토링 참여 결과, 다양한 비행행동이 감소한 것으로 나타납니다.[8] 이처럼 학습 멘토링 사업은 비행청소년과 같은 고위험 청소년들에게도 좋은 영향을 미치는 것으로 보입니다. 특히 고위험 청소년들이 멘토링에 참여하여 학업성취도가 향상되고 학업태도가 개선되었으며, 이들의 진로발달에도 효과가 있는 것으로 나타났습니다.[9] 학교 부적응학생을 대상으로 한 또 다른 연구에서는 멘티의

---

5) 김동일 외(2010)
6) 최경일(2007)
7) Aseltine, Dupre, & Lamelin(2000); Rhodes et al.(2005)
8) 하성민(2001)
9) 박경민(2008); 유성경, 이소래(2001); 이소임(2002); 최이원(2003); Cannister(1999)

자아존중감, 자기유능감, 학교생활태도, 학교의 심리·사회적 환경, 그리고 학교적응 유연성 등에 대한 전반적인 영역에서 향상되었습니다.[10] 특히 학습 멘토링 프로그램에 참여함으로써 내향적인 성격이 보다 적극적인 성격으로 변하고 대인관계의 불안과 두려움을 극복하는 데에도 도움을 얻었다고 합니다. 학교 부적응학생의 학업 수행과 관련한 연구에 의하면 학습 멘토링이 멘티에게 전반적으로 긍정적인 영향을 미치는 것으로 나타났습니다.[11]

4) 진로 효과

멘토링에 참여한 청소년들은 멘토의 지도와 조언, 모델링을 통해 자신의 진로에 대해 고민해 볼 기회를 갖게 되었으며, 이러한 시간들을 통해 자아발달과 진로성숙도가 향상된다고 합니다.[12] 특히 멘토링 과정에서 얻는 긍정적인 피드백과 멘토를 역할모델로 삼는 경험은 멘티의 자신감을 향상시키고 성취목표지향성을 고취시키며, 자기관리 행동의 중요성을 깨닫게 합니다. 또한 멘티의 진로정체감이 향상되고 진로목표가 만들어지면서 자연스레 학습에 대한 동기가 부여되고 비행행동이 감소하기도 합니다.

2. 멘토 차원

○○ 멘토링에 참여하고

멘토링에 참여하게 된 계기는 교육봉사 수업 때문이었다. 처음에는

---

10) 전미진(2002)
11) 배현옥(2005)
12) 윤영미(2009)

평소 하던 과외가 하나 더 추가된 느낌으로 별 생각 없이 참여하였는데, 막상 해 보니 생각보다 너무 힘들었다. 멘토링이라는 게 멘토링 수업만 하는 게 아니라 다른 행정 처리도 하고 여러 아이를 한번에 다루어야 한다는 사실에 솔직히 '멘붕'이었다. 공부에 관심 없이 선생님 추천으로 멍하니 앉아 있는 아이, 전혀 진도를 따라가지 못하고 있는 아이, 떠들고 말 안 듣는 아이 등……. '이 친구들을 어째야 하나?' 하는 막막함이 컸다. 그렇지만 한 학기가 지나고 난 지금은 멘토링에 참여하기를 참 잘했다고 생각한다. 솔직히 무사히 한 학기를 마무리한 내 자신이 무척 자랑스럽다.

학기 초에는 멘토링에 나가기가 너무 부담이 되어 그만두고 싶다는 생각마저 했는데, 문득 교사를 지망하는 내가 '이 다섯 명이랑도 못 지내면 앞으로 뭘 할 수 있겠나' 하는 생각이 들었다. 이때부터 정신을 바짝 차리고 아이들을 바라보았더니 멘티 한 명 한 명이 눈에 들어오기 시작했다. 슈퍼바이저 선생님의 조언도 도움이 많이 되었다. …(중략)… 쑥스럽지만 이제는 학생들을 대하는 노하우도 좀 생긴 것 같고, 선생님이라는 역할이 어떤 의미를 갖는지 생각해 볼 수 있는 소중한 시간이었다.

- ○○대학교 멘토 김희철

멘토링은 그 수혜자인 멘티뿐만 아니라 프로그램 실시자인 멘토 측면에서도 다양한 효과를 기대할 수 있습니다. 멘토링은 멘토의 리더십을 향상시키고, 청소년 지도 역량을 계발하며, 지역사회에 기여하고 직업체험의 기회가 되는 등, 여러모로 유익한 경험이 될 수 있습니다.[13] 멘토는 멘토링 프로그램을 통해 현실적으로 학점이수 혜택을 얻을 수 있을 뿐 아니라 교수활동 경험

---

13) 서울대학교 SAM 멘토링(2011)

을 통해 교사가 되기 위한 목적의식이 보다 뚜렷해지기도 합니다. 멘티와 특별한 관계를 경험한 멘토의 경우, 청소년에게 도움을 줄 수 있는 복지 또는 상담 전문가에 대해 관심을 갖고 진로를 발달시키는 계기를 얻기도 합니다. 다문화 멘티가 포함된 그룹을 운영한 멘토의 경우, 다문화 인식을 개선하고 예비교사로서 필요한 역량을 얻습니다.[14]

1) 리더십 향상

멘토링에 참여한 멘토를 인터뷰한 연구에 따르면,[15] 멘토에게 학업 향상이라는 뚜렷한 목표를 가진 집단을 지도하고 운영하는 것은 리더십을 향상시키는 중요한 계기가 된다고 합니다. 멘토는 자신을 따르는 멘티의 학업을 지도할뿐만 아니라 생활지도 및 학생상담을 하고 멘토링 프로그램에서 설정한 목표를 달성해 나가도록 멘티를 독려하는 과정에서 학생 집단을 이끄는 노하우와 자신감을 얻습니다.

2) 진로발달

멘토링 참여는 멘토로 하여금 자신의 교수역량을 확인하고 아동 · 청소년 지도에 관심을 갖는 기회를 제공합니다. 멘토링에 참여한 여러 멘토는 멘토링 경험이 아동 · 청소년 지도와 관련된 교직이나 상담에 대한 진로탐색을 할 기회가 되었다고 보고합니다. 특히 교사를 희망하는 교직이수자의 경우, 진로포부를 구체화하고 예비교사로서 교수역량을 키우는 시간으로 멘토링을 활용합니다.

---

14) 우희숙(2010); 이수정(2014)
15) 고홍월, 이자명(2010)

3) 사회참여 및 봉사

멘토링 참여를 통해 멘토는 지역사회에 봉사하고 일종의 사회생활을 미리 경험하는 직업체험의 기회를 얻게 됩니다. 물론 그 과정이 녹록치만은 않아서, 학생 멘토의 경우 초반에 멘티 지도와 행정적인 업무를 동시에 진행하는 것에 많은 부담을 느끼기도 합니다. 그렇지만 이러한 과정을 거치면서 행정업무에 대한 역량과 조직 내 소통 방법에 대해 배우고, 졸업 후 사회생활에 대한 자신감을 키우기도 합니다. 또한 지역사회 속 소외계층에 관심을 갖고, 이들을 돕는 경험을 통해 봉사정신을 키우고 성취감을 느낍니다.

4) 다문화 역량 향상

멘토링 중 다문화 멘티가 함께한 경험이 있는 멘토의 경우, 다문화에 대한 인식을 높이고, 실제 다문화 학생의 특성과 고충을 이해하는 기회가 되었다고 보고합니다. 또한 다문화 학생 및 학부모를 대하는 과정에서 필요한 기술을 향상시키기도 합니다. 특히 다문화 가정 학생의 경우, 언어발달 및 학습 경험 측면에서 소외되는 경우가 많기 때문에 멘토링을 통한 학업 향상 효과가 큰 것으로 보고됩니다. 이는 멘토의 다문화에 대한 역량을 키워 주고, 다문화에 대한 관심을 높이는 중요한 계기로 작용합니다.

3. 사회적 차원

부산여대 최사랑, 대학생-다문화자녀 '대학생 멘토링 사업' 최우수멘토상

지난 24일 부산여자대학교(총장 왕세창) 간호과 3학년 최사랑 씨가 제 1회 대학생-다문화자녀 '대학생 멘토링 사업' 최우수멘토상을 수상하였다.

지난 4월 다문화자녀의 문화체험활동을 통한 인성지도 프로그램의 일환으로 부산광역시에서 주최한 이 사업은 내·외국인 대학생들과 다문화자녀들이 문화체험활동을 함께하면서 다문화 가정 동생들의 고민을 들어 주고 이끌어 주도록 연결시켜 주는 사업이다.

부산시는 교육부 학습지도 위주의 대학생 멘토링 사업과 차별화하여 문화체험 위주로 사춘기를 경험하는 다문화 청소년에 대한 진로상담과 학습 동기를 부여하고자 부산시에 거주하는 한국인 대학생 30명과 외국인 유학생 30명을 면접을 통해 선발 후 한국대학생, 유학생, 다문화자녀를 1개 팀으로 총 30개 팀을 구성하여 올해 7월부터 8월까지 주2회 총 8회기 동안 팀별 부산문화체험(전시관람, 유적지탐방 등)을 수행하였다.

최우수멘토상을 받은 최사랑 씨는 구체적인 활동목표와 계획을 세워 멘티들에게 홍보물을 제작하여 부산의 문화를 상세하게 전달하였고, 멘티의 부모님과 만나 한국생활에 대해 많은 정보를 서로 공유하였다. 또한 멘토링이 끝난 후에도 지속적인 멘티 관리를 하여 최종 활동 평가회에서 최우수 멘토로 선정되어 부산광역시장상을 수상하였다. 최사랑 씨는 "어린 멘티들에게 무엇을 해 줄 수 있을까 걱정을 많이 했는데 활동을 하면서 표정이 밝아지고 적극적으로 변화하는 멘티의 모습을 보고 더욱더 열심히 할 수 있었고, 다른 학생들에게도 추천해 주고 싶은 프로그램이었다."고 전했다.　　* 출처: 부산일보 기사(2015년 10월 28일자.)

멘토링 참여자 효과와 더불어 교육복지 차원의 사업에서 실시한 멘토링을 평가해 보면, 멘토링 프로그램은 기존의 멘토링 효과뿐만 아니라 빈부 격차로 인한 교육의 양극화 현상을 개선하는 새로운 모델로도 기능합니다. 멘토링은 저소득층 학생들에게 교육의 기회를 제공하고, 멘토링 관계라는 긍정적인 관계 경험을 통해 진로포부 형성, 자아정체감의 안정화, 목표지향, 자기주장, 자기수용, 우울감 감소, 학업성취 등에 영향을 주는 것으로 나타납니다.[16] 또한 프로그램 참여가 멘티의 경제적 부담을 감소시키고, 학습 능력을 향상시키며, 기초학력이 신장되고, 학습결손이 방지되었으며, 정서적 안정 및 자신감과 적극성 향상 등의 다양한 효과를 기대할 수 있는 것으로 나타났습니다.[17] 더불어 멘토링 서비스가 다문화 가정 아동 · 청소년의 학교생활 적응 및 심리적 안녕감에도 도움이 되고 있었습니다.[18]

이상의 다양한 효과는 학습만을 강조하는 기존 국내의 입시위주 교육 환경에서는 보완하기 힘든 부분일 것입니다. 특히 최근 들어 학습자의 정서, 동기 부분을 강화하기 위한 다양한 개입 전략이 논의되면서, 멘토링 프로그램이 이러한 개입 전략 중 하나로 주목받고 있습니다. 더불어 멘토와 멘티 간의 친밀하고 상호적인 관계를 통해 도움이 필요한 청소년에게 건전한 역할모델과 정서적 · 사회적 지지 및 격려를 제공하는 것은 청소년의 발달단계 특성을 반영한 성장 지향적 활동으로, 혼란스러운 사춘기를 보내고 있는 청소년들에게 학업성취 및 진로개발, 나아가 인격의 성장을 돕고 사회에 필요한 유능하고 책임감 있는 성인 역할을 이해하도록 도와주는 시간을 제공할 것으로 기대됩니다. 게다가 멘티뿐만 아니라 멘토에게도 긍정적인 결과를 가져다줄 수 있다는 상호 호혜적인 서비스 효과성이 관찰되니 일석이조가 아닐 수 없습니다.

---

16) 김순규, (2007); 박명신, 방진희(2005), 고홍월, 이자명(2010)
17) 이혜영(2005)
18) 김민정(2013)

한편, 최근 연구에서는 저소득층 아동을 위한 대학생 멘토링 프로그램 사례 연구를 통해 멘토링 프로그램 과정을 분석하여 효과요인과 개선방안을 도출하였는데,[19] 멘토링 프로그램이 보다 효과적이고 체계적으로 운영되기 위해서는 주기적으로 효과검증 및 개선방안 연구를 실시해야 할 필요성이 있음을 강조하고 있습니다. 또한 멘토의 멘토링 운영에 대한 체계적인 교육과 관리감독이 멘토링 운영의 효과와 질을 증진시키는 데 일조하는 것으로 보입니다.[20]

이상에서 살펴본 학습 멘토링의 효과를 정리하면 다음 〈표 4-1〉과 같습니다.

〈표 4-1〉 학습 멘토링의 효과

차원	효과 영역	내용
멘티	심리	우울 감소, 자기효능감, 자아존중감, 적극성
	학업	학습 동기, 학업 흥미, 학습 습관, 수업 태도, 학습 효능감
	인성	비행 감소, 학교적응 유연성
	진로	진로포부, 진로흥미, 진로정체감, 역할모델, 성취목표
멘토	리더십	리더십, 청소년 지도역량
	진로	진로흥미, 진로탐색, 진로목표
	사회참여/봉사	지역사회 기여, 직업체험
	다문화	다문화 이해, 대처기술
사회	교육복지	저소득층 교육기회 확대, 다문화 적응

요약

학습 멘토링은 멘티와 멘토 모두에게 다양한 영역에서 긍정적인 효과를 나타낼 수 있으며, 교육복지 측면에서도 저소득층 교육기회 확대 등의 효과를 기대할 수 있다.

19) 박경민(2008)
20) 고홍월, 이자명(2010)

5장 |

학습 문제 유형

　학습에 어려움을 겪는 멘티들은 그 어려움의 원인과 특징이 저마다 다를 수 있습니다. 따라서 멘티의 학습 문제에 대해 보다 명확히 파악하고 적절하게 대처하는 것은 학습 멘토링 운영에 있어 매우 중요합니다. '청소년 대화의 광장'의 청소년 문제유형분류체계Ⅱ ―호소문제 및 문제환경의 분류1)―에서는 청소년들의 학습관련 문제를 다음과 같이 대분류, 중분류, 소분류로 나눕니다.

　청소년 학습 문제의 대분류는 크게 인지적 문제, 정의적 문제, 환경적 문제 등 세 가지로 구분됩니다. 특히 인지적 문제는 지적 능력 부족의 문제와 학습 전략 문제로, 정의적 문제는 학습 동기 문제, 학습 태도 문제, 학습관련 스트레스와 시험 불안으로, 환경적 문제는 열악한 학습 환경과 같은 환경관련 문제로 나눠집니다. 각 중분류에 해당하는 호소 문제를 구체적으로 살펴보면 다음 〈표 5-1〉과 같습니다.

---

1) 김창대, 이명우(1995)

〈표 5-1〉 청소년 학습 문제 분류

대분류	중분류	소분류
인지적 문제	지적 능력 부족의 문제	능력 부족
	학습 전략의 문제	집중력 부족
		학습 방법 문제
		노력은 했는데 성적이 안 오름
정의적 문제	학습 동기의 문제	학습 자체에 대한 회의와 의문
		학습에 대한 동기부족
	학습 태도의 문제	학습에 대한 반감
		학습 습관 미형성
	학습관련 스트레스와 시험 불안	시험 불안
		성적저하 및 저조로 인한 걱정과 스트레스
		성적에 대한 집착
환경적 문제	환경관련 문제	열악한 학습 환경

* 출처: 김창대, 이명우(1995)

자신의 멘티가 어느 영역에서 학습의 어려움을 겪고 있는지 생각해 봅시다. 여기서 주의해야 할 것은 멘티가 가지고 있는 어려움은 특정 영역에 국한되지 않고 다양한 영역에 걸쳐 있을 수 있다는 것입니다. 학습 문제가 복합적일수록 문제해결에 충분한 시간이 필요하다는 것을 기억하고 멘토링에서 서두르지 않고 주의 깊게 다룰 필요가 있습니다.

다음의 사례를 통해 멘티가 겪는 어려움이 다양한 학습 문제 영역 가운데 어느 영역에 속하는지 생각해 봅시다.

1. 지적 능력 문제

■ 능력 부족 유형

> **사례**
>
> 지혁이는 다른 멘티들과 달리 공부한 내용을 잘 기억하지 못합니다. 동일한 학습량과 시간 동안 학습 내용을 외우려면 지혁이는 다른 멘티들에 비해 3~4배의 노력과 시간이 필요합니다. 실제로 지혁이는 다른 또래들에 비해 학습 능력 자체가 부족해 어려움을 겪고 있다고 합니다.

지혁이와 같은 경우, 학습자의 능력 부족으로 멘티의 실제 능력, 즉 지능이나 기억력이 낮거나 부족하여 공부나 성적에 영향을 주는 경우에 해당합니다.

이와 관련된 내용은 이 책 '2부 8장 학습 멘토링 실행하기(p. 144)'에서 확인하기 바랍니다.

2. 학습 전략 문제

■ 집중력 부족 유형

> **사례**
>
> 서정이는 자신의 미래를 위해 공부를 해야 한다는 것을 알고 있지만, 책상 앞에 앉아 있으면 잡생각이 나서 책상 위에 널려 있는 물건들을 정리하는 데 시간을 보냅니다. 부모님이나 선생님으로부터 주의가 산만하다는 이야기를 많이 들을 뿐만 아니라 자신이 생각해도 잡생각이

많습니다. 실제 책상 앞에 앉아 있는 시간은 긴 편인데, 학습량은 거의 없습니다. 오늘은 공부해야지 하며 책상 앞에 앉지만 나도 모르게 딴짓을 하고 있는 자신을 발견합니다.

　　서정이와 같은 경우, '공부 자체에 대한 회의' 유형과는 달리 개인의 집중력이 부족한 경우에 해당합니다. 이 유형은 주의산만과 잡념 등으로 인해 공부에 집중하지 못하게 되고 그 결과 성적이 낮은 경우에 해당합니다. 이와 관련된 내용은 이 책 '2부 8장 학습 멘토링 실행하기(p. 92)'에서 확인하기 바랍니다.

■ 효과적인 학습 방법을 모르는 유형

> **사례**
>
> 　　현미는 늘 열심히 하지만, 열심히 공부한 만큼 성적이 오르지 않고 책상 앞에 앉아 있는 시간에 비해 성적도 좋지 않은 편입니다. 주변 친구들이나 선생님, 부모님도 현미가 열심히 노력하는 것 같은데 성적이 안 나오는 것에 대해 답답해합니다. 현미는 가끔 열심히 공부하는 자신이 정말 잘하고 있나 걱정되지만, 그렇다고 다른 뾰족한 학습 방법이 있는 것도 아니기 때문에 열심히만 합니다.

　　현미와 같은 경우, 효과적인 학습 방법을 몰라 비효율적으로 공부할 가능성이 높습니다. 이 유형은 효과적으로 공부하는 방법을 모르거나 부적절한 방법으로 공부함으로써 공부나 성적에 영향을 주는 경우에 해당합니다. 이와 관련된 내용은 이 책 '2부 8장 학습 멘토링 실행하기(p. 92)'에서 확인하기 바랍니다.

■ 노력은 했는데 성적이 오르지 않는 유형

> **사례**
>
> 　훈이는 공부를 하기 위해 부단히 노력을 하지만, 성적이 오르지 않아 고민입니다. 자신보다 공부를 조금 한 친구도 성적이 잘 나오는데, 자신은 노력에 비해 성적이 잘 나오지 않아 괴롭습니다. '공부를 안 하고 성적이 안 나오면 억울하지나 않지.'라는 생각이 자주 듭니다. 머리가 나쁜가 고민도 됩니다.

　훈이와 같은 경우, 노력은 했는데 성적이 안 오르는 유형으로 나름대로 공부를 하려고 하고, 또 실제로도 공부를 했음에도 뚜렷한 원인을 알 수 없이 결과가 좋지 않아 고민하는 경우에 해당합니다. 이와 관련된 내용은 이 책 '2부 8장 학습 멘토링 실행하기(p. 92)'에서 확인하기 바랍니다.

3. 학습 동기 문제

■ 공부 자체에 대한 회의와 의문을 가지는 유형

> **사례**
>
> 　철민이는 공부에 집중을 하려고 책은 보지만 자신이 왜 공부를 해야 하는지 알 수 없습니다. 이렇게 공부에 대한 회의가 들다 보니 공부를 하려고 책상에 앉으면 멍해집니다. 공부 내용은 눈에 들어오지 않을 뿐만 아니라 낮에 친구들과 놀았던 생각이 나거나 이것저것 해야 할 일이 떠올라 공부에 집중이 안 됩니다.

철민이와 같은 경우, 공부 자체에 대한 회의와 의문으로 인해 주의가 산만해지고 잡념 등으로 집중력이 부족해서 공부나 성적에 영향을 주는 경우에 해당합니다. 철민이처럼 많은 멘티들은 공부를 왜 해야 하는지 몰라 공부에 집중하지 못하고 성적이 떨어지는 경우가 많습니다. 이와 관련된 내용은 이 책 '2부 8장 학습 멘토링 실행하기(p. 81)'에서 확인하기 바랍니다.

■ 공부에 대한 동기 부족 유형

> **사례**
>
> 미영이는 공부가 하기 싫다거나 공부에 대한 반발심이 있는 것은 아니지만, 공부를 하고 싶다는 생각 자체가 안 듭니다. 주변 친구들을 보면 공부하는 뚜렷한 이유가 있는 것 같은데, 자신은 공부해야 하는 이유를 알지 못합니다. 그러다 보니 공부하려고 앉아 있는 것 자체가 의미 없게 느껴집니다.

미영이와 같은 경우, 공부에 대한 동기가 부족해 공부 자체를 하고자 하는 마음이 부족한 유형에 해당합니다. 이와 관련된 내용은 이 책 '2부 8장 학습 멘토링 실행하기(p. 81)'에서 확인하기 바랍니다.

4. 학습 태도 문제

▣ 공부에 대한 반감을 가지는 유형

> **사례**
>
> 나영이는 공부를 해야 한다는 것을 알고 있지만, 공부하는 것 자체가 싫습니다. 나영이는 공부 자체에 대한 반감이 있는 것은 아니지만, 공부에 흥미가 안 생깁니다. 공부를 해야 한다는 것을 알고 있지만, 공부를 하기 싫어하는 자신이 짜증스럽고 혼란스럽습니다.

나영이와 같은 경우, 공부에 대한 반감으로 인한 학습 문제를 가지고 있습니다. 이 유형은 공부를 해야 할 필요성은 느끼고 있지만, 공부하는 것 자체가 싫어서 공부를 하지 않는 경우입니다. 이와 관련된 내용은 이 책 '2부 8장 학습 멘토링 실행하기(p. 119)'에서 확인하기 바랍니다.

▣ 공부 습관 미형성 유형

> **사례**
>
> 다빈이는 마음먹고 공부하려고 책상 앞에 앉지만 몇 분 지나지 않아 자리를 뜨곤 합니다. 다빈이도 이런 자신의 모습에 짜증나고 실망하지만 공부하기 위해 책상에 앉아 있는 것 자체가 고통입니다. 마음을 다잡고 공부를 하려고 하지만 무엇부터 어떻게 시작해야 할지도 알지 못합니다.

다빈이와 같은 경우, 공부 습관이 형성되지 않아 학습에 어려움을 겪고 있습니다. 이 유형은 공부를 하고자 하는 마음은 있는데, 단지 체계적인 공부 습관으로 형성되지 않은 경우에 해당합니다. 이와 관련된 내용은 이 책 '2부 8장 학습 멘토링 실행하기(p. 116)'에서 확인하기 바랍니다.

5. 학습관련 스트레스와 시험 불안 문제

■ 시험 불안 유형

> **사례**
>
> 가영이는 작년 2학기 중간고사 때 중요한 시험을 망친 후, 시험 때만 되면 긴장되고 심장이 심하게 쿵쾅거립니다. 시험 준비를 할 때도 이번 시험도 실수해서 망칠 것 같은 느낌이 들어 늘 불안하고 걱정이 많이 됩니다. 긴장하지 말고 공부에 집중하려고 노력하지만, 시험을 잘 봐야 한다는 생각을 지울 수가 없어 공부, 특히 시험에 집중하기 어렵습니다.

가영이와 같은 경우, 많은 학생이 겪고 있는 시험 불안으로, 시험에 따른 불안감과 압박감, 스트레스 등으로 인한 어려움을 겪고 있습니다. 이와 관련된 내용은 이 책 '2부 8장 학습 멘토링 실행하기(p. 126)'에서 확인하기 바랍니다.

■ 성적 저하 및 저조로 인한 걱정과 스트레스 유형

> **사례**
>
> 수미는 성적이 잘 나오지 않아 걱정입니다. 특히 새 학기가 시작되면서

성적이 떨어져 더욱 불안하고, 더 이상 성적이 오르지 않을 것 같아 걱정이 됩니다. 이런 걱정은 꼬리에 꼬리를 물어 자신을 괴롭힙니다. 이런 성적에 대한 스트레스를 어떻게 해야 할지, 빨리 성적을 올리고 싶지만 마음처럼 되지 않아 답답합니다.

수미는 성적 저하 및 저조로 인한 걱정과 스트레스로 인한 학습 문제 유형으로 성적이 떨어지거나 오르지 않을 것 같아 걱정을 하고 스트레스를 받는 경우에 해당합니다. 이와 관련된 내용은 이 책 '2부 8장 학습 멘토링 실행하기(p. 125)'에서 확인하기 바랍니다.

■ 성적에 대한 집착 유형

> **사례**
>
> 민지는 좋은 성적을 받기 위해 공부합니다. 물론 학생으로서 좋은 성적을 받고 싶은 것은 당연한 것이지만, 민지는 그 정도가 심해 공부를 하면서 배운다는 즐거움보다 좋은 성적을 받아 다른 친구들보다 자신이 돋보이고 싶어 합니다. 그렇다 보니 공부하면서도 '친구보다 잘해야지, 친구한테 지면 안 된다.'라는 생각이 많이 듭니다. 그래서 친구보다 성적이 좋지 않으면 속상하고 자신이 멍청하다고 생각합니다.

민지와 같은 경우, 성적에 대한 집착으로 인한 학습에 어려움을 겪는 유형으로 성적에 대한 집착으로 인해 공부의 질적인 면에 치중하기보다는 양적인 결과, 즉 점수와 성적에 얽매어서 그로 인해 과도한 경쟁심을 느끼고, 심지어 죽고 싶다는 생각까지 들 수도 있습니다. 이와 관련된 내용은 이 책 '2부 8장 학습 멘토링 실행하기(p. 125)'에서 확인하기 바랍니다.

6. 환경관련 문제

▣ 열악한 학습 환경 유형

> **사례**
>
> 민기는 집에서 숙제를 하기 위해 책상 앞에 앉는 것 자체가 어렵습니다. 집에 공부할 수 있는 공간도 없을 뿐만 아니라 시끄럽고 산만한 환경 때문에 공부하기가 싫습니다. 어렸을 때부터 이런 환경에서 자란 민기는 집에서는 공부하기가 힘듭니다.

민기와 같은 경우, 열악한 학습 환경으로 인해 학습 문제를 초래하고 신체적으로 피곤해 공부에 지장을 초래하는 유형에 해당합니다. 이와 관련된 내용은 이 책 '2부 8장 학습 멘토링 실행하기(p. 134)'에서 확인하기 바랍니다.

요약

멘티가 학습에 어려움을 겪고 있는 경우, 그 원인을 인지적·정의적·환경적 측면에서 생각해 볼 수 있다. 멘토는 멘티가 겪는 어려움의 원인을 정확히 파악하고 이에 대해 효과적으로 대처하기 위해 노력해야 한다.

2부 학습 멘토링의 실제

6장

학습 멘토링 길라잡이

목표 세우기

의외로 많은 멘토가 명확한 목표를 세우지 않고 멘토링 운영을 위한 활동 구상 및 실천에만 힘을 쏟곤 합니다. 어떤 목표를 가지고 멘토링을 운영하고 있는지 질문하면 이들은 '뻔한 걸 왜 묻지?'라는 표정을 지으며 '멘티의 학습 수준 향상'이나 '멘티의 건강한 학교생활 적응' 등의 이야기를 합니다. 학습을 얼마만큼, 어떻게 하는 것을 보고 학습 수준이 향상되었다고 판단할 수 있는지, 어떤 것이 '건강한' 학교생활인지를 재차 물어볼 때쯤 되어야 다소 상기된 얼굴로 그 문제에 대해 생각하기도 합니다.

이들은 목표를 세우는 것이 '별일 아니기 때문에', 혹은 '생각보다 까다롭고 막연하게 느껴지기 때문에' 이를 회피하고자 하며, 목표를 세우느라 시간을 보내는 것보다는 바로 어떠한 활동을 시작하는 것이 더 의미 있다고 여기는 것입니다.

멘토링의 목표를 세우는 것은 왜 필요할까요? 멘토링의 목표를 설정한다는 것은 항해할 때 목적지를 정하는 것에 비유할 수 있습니다. '이 배는 어디로 갑니까?'라는 질문에 '좋은 곳으로 갑니다.'라고 대답하는 선장을 믿고 배에 탑승하는 승객이 과연 몇이나 될까요? 만약 '좋은 곳'에 가고 싶은 승객이 탑승했더라도, 승객과 선장이 생각하는 '좋은 곳'이 다를 수 있다는 것을 모른 채 목표 없이 이리저리 떠도는 엉망인 항해를 할 가능성이 높습니다.

또 선장이 배의 성능, 연료 및 식료품의 저장 상황 등은 감안하지 않고 지나치게 먼 곳을 목적지로 정하면 중간에 항해를 포기해야 할 수도 있고, 너무 가까이에 있는 곳은 굳이 항해를 해서 갈 필요도 없으니 그곳에 도착하는 승객은 성취감을 느끼기 어려울 것입니다. 이처럼 멘토링의 목표를 알맞게 세우는 것은 무엇보다 중요한 일이며, 추후 멘토링 활동의 성패를 좌우할 중요한 요인이 될 수 있음을 명심해야 합니다.

1. 목표 설정의 중요성

멘토링 목표 설정의 중요성을 정리해 보면 다음과 같습니다.

첫째, 목표 설정은 멘토링 활동이 일관성 있게 이루어지도록 하고, 그 효과를 높이기 위해 필요합니다. 아무리 좋은 활동을 많이 한다고 해도 '무엇을 위해' 이러한 활동을 하는지 생각하지 않는다면 그 성과는 장담할 수 없습니다. 이를 위해서는 적절한 수준의 목표를 설정하는 것이 중요합니다. 너무 작은 목표는 성취감이나 자신감 향상에 별 도움이 되지 못하며, 지나치게 큰 목표는 포기할 확률이 높아서 실패한다면 오히려 자신감을 잃게 만들 수 있습니다.

둘째, 목표를 설정하는 과정을 거치면 멘토링 활동을 통해 멘토와 멘티가 각각 어떻게 성장할지 기대할 수 있습니다. 흔히 멘토링을 멘티만을 위한 활동으로 여기고 멘토가 일방적으로 무언가를 제공한다고 생각하기 쉽습니다. 하지만 멘토링 활동을 통해서 멘티뿐만 아니라 멘토도 성장과 발전을 이룰 수 있으며, 이를 위해 목표 설정을 할 때에는 멘티를 위한 목표뿐만 아니라 멘토 자신을 위한 목표도 설정하는 것이 꼭 필요합니다.

셋째, 목표 설정을 위해 멘티와 멘토가 합의해 나가는 과정을 통해 멘토와 멘티가 더욱 책임감을 가지고 활동에 임할 수 있습니다. 멘토가 목표를 일방적으로 정하는 것은 멘티를 수동적인 역할에 머무르게 하고 그 활동에 대한 책임에서 한 발 물러서게 합니다. 반대로 멘티가 일방적으로 정한 목표는 종종 비현실적이거나 목표의 의미가 다소 부족한 경향이 높을 수 있습니다. 따라서 멘토링을 시작할 때에는 멘토와 멘티의 합의를 통해 목표를 도출하고자 노력해야 합니다. 이러한 참여의 과정을 통해 멘토와 멘티 모두 성장을 기대할 수 있습니다.

요약

멘토링 목표 설정의 중요성
- 멘토링 활동이 일관성 있게 한 방향으로 흘러갈 수 있도록 돕고, 그 효과를 높일 수 있다.
- 멘토링 활동을 통해 멘토와 멘티가 각각 어떻게 성장할지 기대할 수 있다.
- 멘토와 멘티 모두 책임감을 가지고 활동에 임할 수 있다.

2. 멘토링 목표 세우기의 실제

STEP 1 ⟩ 멘토링 목표 떠올리기

멘토링을 통해 무엇을 얻기를 기대하나요? 멘티와 멘토로 나누어 생각해 보도록 합니다. 먼저 멘티는 어떤 것을 성취하길 기대하나요? 이번 멘토링을 통해 멘티들이 가지길 바라는 목표를 체크한 뒤, 멘티들이 스스로 원하는 바를 확인하고 이를 일치시킬 수 있도록 해 봅시다.

〈표 6-1〉 멘티의 목표 세우기

멘티의 목표	
☐ 성적 향상시키기	☐ 공부에 대한 흥미 높이기
☐ 학습 태도 개선하기	☐ 공부 계획 세우고 실천하기
☐ 꾸준히 공부하는 습관 기르기	☐ 효과적인 공부 방법 익히기
☐ 진학 및 진로에 대해 인식하기	☐ 무료 교육의 기회 활용하기
☐ 멘토와 좋은 관계 맺고 유지하기	☐ 진학 및 진로 정보 수집하기
☐ 멘티 친구들과 좋은 관계 맺고 유지하기	☐ 집중력 향상시키기
☐ 시간 관리 능력 기르기	☐ 기타( )

멘토링을 통해 내가 얻고자 하는 것은 무엇인가요? 다음 항목 중 자신의 생각과 일치하는 것에 ∨표시해 봅시다.

〈표 6-2〉 멘토의 목표 세우기

멘토의 목표	
☐ 학습 지도 역량 기르기	☐ 생활 지도 역량 기르기
☐ 다양한 경험 쌓기	☐ 멘티와 좋은 관계 맺고 유지하기
☐ 아동 및 청소년에 대한 이해 향상시키기	☐ 진로 지도 역량 기르기
☐ 봉사 정신 함양하기	☐ 경제적 보상의 기회로 활용하기
☐ 시간 관리 능력 향상시키기	☐ 학점 및 봉사 시간 인정받기
☐ 자신의 진로탐색 기회로 활용하기 　(교육현장 실습 기회)	☐ 리더십 향상시키기
☐ 책임감 향상시키기	☐ 기관 및 담당 교사 등과 소통 및 관계 　형성하기
☐ 기타( )	

(STEP 2) **중요한 목표 골라 보기**

바라는 바를 모두 이룰 수 있다면 가장 좋겠지만, 현실에서는 그렇지 못할 때가 많으므로 지나치게 욕심을 부리기보다는 선택과 집중을 할 필요가 있습니다.

(STEP 1)에서 골랐던 항목들 중 가장 중요하다고 생각하는 항목을 세 가지만 골라서 순서대로 적어 보도록 합니다.

〈표 6-3〉 멘토링 목표 세우기

멘티	멘토
1.	1.
2.	2.
3.	3.

(STEP 3) **목표 다듬기**

멘토링에서 꼭 이루고자 하는 중요한 목표를 골랐다면, 이번엔 이를 보다 현명하게 다듬어 보도록 합니다. 많은 사람이 목표를 세울 때 지나치게 추상적이거나 정확히 측정하기 어렵고, 달성하기 어려운 수준의 목표를 적어 놓고, 실패한 뒤 좌절하는 악순환의 고리를 스스로 만들곤 합니다. 다음에서 설명하는 'SMART한 목표 세우기' 원칙에 따라 위에서 선정한 목표를 적절히 다듬어 보도록 합니다.

1) SMART한 원칙이란

SMART한 원칙은 스스로 목표를 정하고 성공적으로 목표를 달성하기 위해 반드시 고려해야 하는 사항들을 축약한 것으로, 다음의 다섯 가지 기준을 가지고 있습니다.

S	pecific	⇒ 목표에 대해 구체적인 범위를 설정하라!
M	easurable	⇒ (행동 수준으로) 측정할 수 있는 목표를 설정하라!
A	chievable	⇒ 달성할 수 있는 목표를 설정하라!
R	esult-focused	⇒ (과정이 아닌) 최종 결과 목표를 설정하라!
T	ime-limited	⇒ 목표를 완수할 일정과 기한을 정하라!

SMART한 원칙에 따라 일반적 목표를 바꿔 보면 다음과 같습니다.

〈표 6-4〉 SMART한 목표의 예시

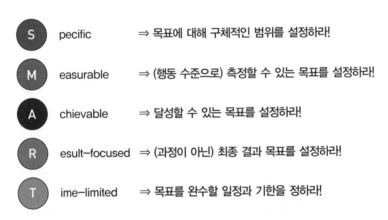

일반적 목표	원칙	SMART한 목표
선생님 말씀 잘 듣기	구체적으로!	멘토링 시간에 멘토 선생님의 말씀에 귀 기울여 듣기
공부 열심히 하기	측정 가능하게!	매일 하루 한 시간 예습, 복습하기
전교 등수 100등 올리기	현실적으로!	기말고사에서 평균 점수 3점 이상 올리기
수업시간에 적극적으로 참여하기	태도보다는 결과로!	수업시간에 한 번 이상 발표하기
영어 문제집 한 권 풀기	일정과 기한을 정해서!	○월 ○일까지 영어 문제집 한 권 풀기

STEP 4 〉 나만의 SMART한 목표 세우기

자, 이제 나만의 SMART한 목표를 세워 보도록 합시다. 먼저 앞에서 골랐던 목표를 적고, 이를 보다 SMART하게 바꿔 보도록 합니다. 이 과정을 직접 해 보면 올바른 방식으로 목표를 세운다는 것이 쉽지 않은 일이라는 것을 실감할 수 있을 것입니다. 우리가 만나는 멘티들은 여러분에 비해 더 어리며, 목표를 세우는 것을 어려워 할 수 있으므로 멘토링 활동 전에 충분히 숙고한 뒤 멘티들이 스스로 목표를 세우는 것을 도울 수 있도록 노력해 봅시다.

〈표 6-5〉 SMART한 목표 세우기

내가 고른 목표	SMART한 목표
1.	1.
2.	2.
3.	3.

Check! Check!

□ 목표가 구체적인가?

□ 측정 가능한 목표인가?

□ 현실적으로 달성 가능한가?

□ 막연한 태도보다 결과에 중점을 두었는가?

□ 일정과 기한을 명시했는가?

STEP 5 〉 **걸림돌 예상하기**

　모든 일에는 역경이 존재하기 마련입니다. 순조롭게 일이 잘 풀려 가나 싶다가도 다시 원점으로 돌아가는 듯 보일 때가 있고, 힘들게 노력을 했음에도 원하는 결과가 나오지 않아 좌절감을 맛보고 모든 걸 포기하고 싶어지기도 합니다. 멘토링 활동도 마찬가지라서 최선의 결과가 나오면 좋겠지만 멘토링 활동은 멘토와 멘티의 바람과는 다르게 흘러갈 가능성도 있음을 잊어선 안 될 것입니다. 난관에 부딪힐 확률을 가급적 낮추고, 어려움을 보다 잘 헤쳐 나갈 수 있도록 멘토링 활동에서 예상되는 걸림돌이 무엇인지 생각해 봅시다.

〈표 6-6〉 목표 수행의 걸림돌 예상하기

멘티의 목표를 수행하는 데 예상되는 걸림돌	
☐ 공부에 대한 의욕 및 흥미 부족	☐ 나쁜 학습 태도
☐ 진로에 대한 관심 부족	☐ 약속 안 지키기
☐ 관계 형성 및 유지의 어려움(멘티들끼리)	☐ 비효과적인 공부 방법
☐ 관계 형성 및 유지의 어려움(멘토와의)	☐ 집중력 부족
☐ 끈기 부족	☐ 기타(　　　　　　　)

멘토의 목표를 수행하는 데 예상되는 걸림돌	
☐ 학습 지도 역량 부족	☐ 생활 지도 역량 부족
☐ 진로 지도 역량 부족	☐ 아동 및 청소년에 대한 이해 부족
☐ 멘티와의 관계 형성 및 유지의 어려움	☐ 책임감 부족
☐ 시간 관리 능력 부족	☐ 끈기 부족
☐ 리더십 부족	☐ 기타(　　　　　　　)
☐ 기관 및 담당 교사 등과 소통 및 관계 형성 어려움	

  염려되는 항목이 많다면 그중에서도 가장 걱정스러운 것이 무엇인지 생각해 봅시다. 이러한 문제를 어떻게 해결하면 좋을지 슈퍼바이저나 동료 멘토들과 상의하는 것은 큰 도움이 될 수 있습니다. 함께 이야기를 나누다 보면 어떠한 문제에 대해 나뿐만 아니라 모두가 비슷한 고민을 하고 있음을 확인할 수 있으며, 다양한 대처방식을 나눔으로써 추후에 실제로 어려움이 닥쳤을 때에도 보다 효과적으로 대응할 수 있을 것입니다.

7장

계획 세우기

계획이란 일정한 기간 내에 특정한 목적을 효과적으로 달성하기 위해 수립된 행동의 절차와 방법에 대한 합리적인 설계를 말합니다. 학습 멘토링에 있어서, 목표를 세우는 것이 항해의 목적지를 정하는 것과 같다면, 계획을 세우는 것은 그 목적지에 가기 위한 항로를 정하는 것에 비유할 수 있습니다. 아무리 좋은 곳에 가고자 해도 어떤 길로 가야 할지 구체적인 항로를 정하지 않는다면 결코 목적지에 다다를 수 없으며, 어떤 항로를 선택하느냐에 따라 신속하고 안전하게 목적지에 다다를 수도 있고, 그렇지 못할 수도 있기 때문입니다.

1. 계획의 중요성

멘토링 계획의 중요성을 정리해 보면 다음과 같습니다.

첫째, 계획을 세움으로써 성취하고자 하는 목표를 잃지 않고 유지할 수 있습니다. 계획을 세우고 실천하는 과정을 통해 목표를 일관되게 추구할 수 있으며, 성취를 위한 의지와 집중력의 유지를 기대할 수 있습니다.

둘째, 계획을 통해 목표의 실천 가능성을 더 높일 수 있습니다. 목표에 이르는 구체적인 방법을 설계하고, 실현 가능한 효과적인 방법을 찾는 것은 목표의 실천 가능성을 높이는 데 도움이 됩니다.

2. 멘토링 계획 세우기의 실제   **61**

셋째, 다가올 미래에 대처하고, 멘토링 활동을 개선할 수 있습니다. 계획을 세우고 실천하며 그 결과를 살피는 과정을 통해 앞으로 멘토링의 방향을 수정하고 더 좋은 대안을 생각할 수 있습니다. 또 이를 위해 계획 추진과 관련된 시간과 노력의 배분 등을 통제할 수 있습니다.

2. 멘토링 계획 세우기의 실제

(STEP 1) 멘토링 계획 아이디어 떠올리기

멘토링 목표를 어떻게 달성할 수 있을까요? 그 목표를 실현하기 위해 가능한 방안을 최대한 많이 떠올려서 적어 봅시다. 실현 가능성 등에 대한 판단은 이후에 할 수 있으므로 가급적 많은 방안을 산출하는 데 집중하도록 합니다.

〈표 7-1〉 멘토링 계획의 아이디어

	멘토	멘티
아이디어 떠올리기	• 숙제를 많이 내준다. • 멘토링 중 대부분의 시간을 영어 공부에 사용한다. • 매주 단어시험을 본다. • 멘티들과 가깝게 지낸다. • 멘티들의 고민을 들어 준다.	• 하루에 10시간씩 공부를 한다. • 스마트폰을 사용하지 않는다. • 친구들과 노는 시간을 줄인다. • 10시 전에 잠자리에 든다. • 예습과 복습을 매일 1시간씩 한다. • 기말고사 전까지 문제집을 세 권 이상 푼다.

(STEP 2) 아이디어 선정하여 멘토링 계획 세우기

멘토링을 통해 얻고자 하는 목표가 분명히 정해졌다면, 구체적으로 어떤 방법을 통해 그 목표를 이룰 수 있을지 생각해 보도록 합니다. 앞서 떠올린 다양한 멘토링 계획의 아이디어 목록을 바탕으로 구체적인 멘토링 계획을 세워 봅시다.

▣ 멘토링에서 할 수 있는 일을 파악해서 계획 세우기

앞서 작성한 멘토링 계획의 아이디어 목록을 훑어보면서 멘토링에서 할 수 있는 일과 할 수 없는 일로 나누고, 할 수 없는 일의 경우 가능한 계획으로 수정해 봅시다.

▣ 계획은 구체적으로 세우기

계획을 단순히 '스마트폰을 사용하지 않는다.'라고만 잡으면 쉽게 포기하기 마련입니다. 계획을 세울 때 구체적으로 '멘토링 시간에는 스마트폰을 꺼 둔다.'라고 잡는 것이 계획을 실천하는 데 더욱 효과적입니다.

〈표 7-2〉 멘토링 계획 아이디어 구체화하기

아이디어 떠올리기	▐▶	구체적인 계획
멘토		**멘토**
• 숙제를 많이 내준다. • 멘토링 중 대부분의 시간을 영어 공부에 사용한다. • 매주 단어시험을 본다.		• 하루에 10시간씩 공부를 한다. • 스마트폰을 사용하지 않는다. • 친구들과 노는 시간을 줄인다.
멘티		**멘티**
• 멘티들에게 1시간 내로 할 수 있는 숙제를 내준다. • 멘토링 시간의 80%를 영어 공부에 사용한다. • 매주 20개의 단어시험을 5분간 본다.		• 일주일마다 공부시간을 1시간씩 늘린다. • 멘토링 시간에는 스마트폰을 꺼 둔다. • 친구들과 노는 시간을 1시간으로 제한한다.

▣ 세부적인 방안도 세우기

만약 '멘토링 시간에는 스마트폰을 꺼 둔다.'를 계획으로 세웠다면, 멘토링 시간 전에 부모님이나 친구들에게 이 시간에는 통화나 문자메시지가 어렵다는 것을 미리 알리고 비상연락망을 알려 주는 것이 좋습니다. 이렇게 하면 스마트폰을 사용하지 않는 멘토링 시간 동안 불안하거나 무슨 연락이 왔는지 궁금해지는 것을 미리 막을 수 있습니다.

▣ 점검하고 평가하기

많은 멘티는 목표를 설정하는 법을 알지만 그것을 지속하는 것을 어려워하고 쉽게 포기하는 경험을 합니다. 목표를 설정하는 것 못지않게 지속하는 것도 노력이 필요합니다. 끊임없이 자신의 목표와 계획, 행동 등을 점검하고 평가해 봅시다. 책상 앞, 다이어리, 방문 앞 등 자주 보게 되는 곳에 목표와 계획을 적어 두고 자주 확인합니다. 처음에는 어렵고 힘들지만 세부 활동을 하나씩 성취해 가면서 얻는 성취 경험이 더 많은 계획을 성공적으로 이끌어 나가는 데 도움이 될 것입니다. 처음부터 잘할 수는 없습니다. 차근차근 시작하여 꾸준히 실행해 보시길 바랍니다.

▣ 계획 중독자가 되지 말기

계획을 열심히 세우다 보면, 멘토나 멘티는 이 계획을 정말 다 실천할 수 있을지 의문스럽기도 하고, 계획한 일을 다 실천하지 못해 추후 계획을 실천하는 데 영향을 줄 수 있습니다. 그리고 계획을 세우기만 하고 실천하지 않아 시간낭비만 하게 될 수가 있어서, 실천 가능한 계획을 세우는 것이 무엇보다 중요하며, 계획만을 세우고 지키지 않는 경우는 피해야 합니다. 특히 계획만을 위한 계획 세우기는 멘토링의 목적과도 맞지 않습니다. 융통성 있게 계획을 수정할 수 있어야 하며, 계획 자체에 얽매이지 않도록 합니다.

요약

멘토링 계획 세우기 방법(49P)
- 할 수 있는 일을 파악해서 계획 세우기
- 구체적으로 세우기
- 세부적인 방안도 세우기
- 점검하고 평가하기
- 계획 중독자가 되지 않기

(STEP 3) **나만의 멘토링 계획 세우기**

이제 나만의 멘토링 계획을 세워 보도록 합니다. 먼저 앞에서 떠올린 아이디어 중 실현 가능하고 효과적인 내용을 골라 다듬어 계획을 세워 봅시다. 목표 세우기와 마찬가지로 결코 쉬운 일은 아니지만, 반복할수록 더 잘할 수 있을 것입니다.

또한 목표의 성격에 따라 학습이나 관계(멘토-멘티/멘티-멘티) 영역을 구분하여 계획을 세우는 것이 더욱 좋습니다. 충분히 연습한 후, 멘토링 시간에 멘티들이 직접 목표 달성을 위한 자신만의 계획을 세울 수 있도록 지도해 보기 바랍니다.

〈표 7-3〉 멘토링 계획 세우기

	멘토	멘티
목표 1		
아이디어 떠올리기	• • •	• • •
구체적인 계획	• • •	• • •
목표 2		
아이디어 떠올리기	• • •	• • •
구체적인 계획	• • •	• • •
목표 3		
아이디어 떠올리기	• • •	• • •
구체적인 계획	• • •	• • •

8장 |

학습 멘토링 실행하기

    앞에서 우리는 학습 멘토링을 위한 목표를 세우고 이를 어떻게 실천할 것 인지에 대해 생각해 보았습니다. 훌륭한 목표와 실천계획을 세운 것은 멘토링 이라는 집을 짓는 데 있어서 튼튼한 뼈대를 세운 것과 같습니다. 학습 멘토링 을 보다 성공적으로 실행하기 위해 필요한 요소들을 중심으로 관련된 내용을 구체적으로 살펴보도록 합니다.

    지금부터는 멘토링 관계와 학습 동기, 학습 전략, 학습 태도, 학업 스트레 스, 학습 환경, 학습 능력 등 학습 멘토링 실행을 위한 주요 요소들에 대해 다 루어 보도록 하겠습니다.

1. 멘토링 관계

> **사례**
>
>   대학 3학년 민애는 본격적으로 취업 준비를 하기 전에 대학생활을 보람차게 보내기를 원했다. 평소 가르치는 것을 좋아하고 주변에서 잘 한다는 이야기도 들었던 터라 청소년 학습 멘토링 프로그램에 자신 있 게 참여하였다.

민애는 고등학교 1학년 멘티 지혜를 만나 열심히 수학을 가르쳤다. 지혜는 수학 수업을 잘 따라오는 것 같았지만, 둘은 만나면 공부만 하였다. 지혜는 수학 수업 시간에 민애에게 자신에 대한 이야기를 잘 하지 않았고, 민애도 굳이 잘 묻지 않았다. 그러던 어느 날, 민애는 우연히 친구인 다른 멘토 정연이와 멘티 은경이를 만났다. 은경이는 정연이에게 친구나 가족, 진로 등에 대한 자신의 고민과 생각에 대해 자연스럽게 이야기하고 있었고, 두 사람은 친해 보였다. 민애는 자신과 지혜의 멘토링 관계에 대해 고민이 되기 시작하였다.

1) 멘토링 관계 이해하기

(1) 청소년 멘티의 특성

청소년기는 어린이에서 성인으로 성장하는 과도기입니다. 우리나라에서는 보통 10~18세에 해당합니다. 청소년기는 사춘기를 거치며 신체변화가 급격하게 일어나는 가운데 인지 발달 및 정신적 · 정서적 · 사회적 발달 등 여러 가지 발달과업이 급속하고 폭넓게 동시에 이루어지는 변화와 성장의 시기입니다. 이 시기를 거치며 청소년들은 가치관과 자아정체감을 형성하고 자신의 진로에 대해 고민하게 됩니다.

청소년들은 이 시기에 폭발적인 성장의 가능성을 잠재적으로 내포하고 있습니다.[1] 사춘기 청소년의 모습을 무조건 문제시하기보다는 정상적인 발달과정 속에서 이들이 겪는 갈등을 잘 이해하는 것이 필요합니다.

---

1) 김수임 외(2012)

청소년기에 대한 오해: '청소년기는 질풍노도의 시기다'

- 어른의 관점에서 볼 때 대다수 청소년에게
  나타나는 정신적 이상으로 보이는 소견이 실제로
  정신병리학적 문제가 있는 것은 아니다.
- 청소년 발달에 있어 정상과 비정상을 구분하기는
  어렵다.
- 청소년의 일탈처럼 보이는 행동은 대부분 단기간
  나타나며 시간이 지나면 스스로 하지 않는다.
- 청소년기의 생리적 · 정신적 · 사회적 변화가
  반드시 부정적인 결과나 불안정을 초래하는 것은
  아니다.
- 실험과 시도는 청소년의 정상적인 부분이며 일부 탐구 행동과 관련하여
  부작용이 있기도 하지만 그만큼 유익한 측면이 있다.

* 출처: 네이버 지식백과

하지만 청소년들이 인지 · 정서적으로는 아직 불안정하고 미성숙한 상태이기 때문에 이 시기에는 심리적인 문제가 다양하게 발생하는 경향이 있으므로 이에 대한 이해와 대비가 필요합니다. 특히 현대 사회의 특성상 청소년이 약물, 폭력, 사고, 성, 가정 붕괴, 경제적 불안 같은 사회문제에 노출되는 기회가 증가하고 있으나, 이에 대처할 능력은 아직 미비한 상태이므로 이와 관련한 문제가 많이 발생할 수 있습니다.

멘토링에 참여하는 멘티의 경우 사회적으로 취약한 계층에 속한 청소년이 많은 편입니다. 이렇게 사회적으로 취약한 계층의 청소년은 전반적인 성장 및 발달에 있어서 위험요인을 상대적으로 더 많이 가지고 있으며, 심리 · 사회적 적응에 있어서 여러 가지 어려움을 겪을 가능성도 더 높습니다.[2]

관련 연구들을 보면, 저소득층 가정의 청소년이 일반 가정의 청소년에 비해 생활 스트레스가 유의하게 더 높았습니다.[3] 또 다른 계층보다 학업 성적 부진, 무단결석, 약물 사용, 폭력, 비행, 가출, 범죄 등의 문제가 더 많이 나타났습니다.[4] 자신감의 결여나 우울 및 절망감도 유의하게 높게 나타났고,[5] 자존감도 낮은 수준을 보였습니다.[6]

실제로 저소득층 가정의 청소년에게는 건전한 성인의 역할이 부재하는 현상이 일어날 가능성이 높습니다. 이 가정의 부모는 생활고에 시달리다 보니 자녀교육에 쏟을 여력이 부족하게 되는 경우가 많기 때문입니다. 최근에는 이혼이 급격하게 증가하면서 부모의 양육 및 보호 기능이 함께 취약해지는 추세가 증가하고 있습니다. 이로 인해 조부모와 손자녀가 가정을 이루는 조손가정이 많아졌는데, 조손가정 청소년의 경우에도 우울이 높고 자기존중감이 낮다는 연구보고가 있습니다.[7]

(2) 멘토링 관계

멘토링이란 멘토와 멘티가 친밀한 관계를 바탕으로 멘토가 멘티의 잠재력을 개발하도록 가르치며 상담하는 과정을 의미합니다. 19세기 후반 미국의 가난한 청소년들에게 역할모델을 제공하기 위해 시작되었던 멘토링은 여러 연구[8]를 통해 실제 청소년들의 학업성취, 자아의식, 사회적 행동 및 대인관계 등에 긍정적인 영향을 미치는 것으로 보고되어 왔습니다.

멘토와 멘티가 맺는 멘토링 관계는 그 자체로 멘토링 프로그램의 가장 핵

---

2) 강민철, 김수임, 이아라(2015)
3) 김희정(2003)
4) 이소임(2002)
5) 배현옥(2005)
6) Louden(1980)
7) 박옥임(2006); 신은정(2004)
8) DuBois & Neville(1997); Grossman & Tierney(1998)

심적인 요소라 할 수 있습니다. 멘토는 멘티의 다양한 성장과 정서적 욕구를 지원함으로써 멘토링 관계를 확립해 가게 됩니다. 다시 말해, 멘토링 활동에서 멘토는 권위자나 전문가로서 역할을 수행하는 것이 아니라 멘티인 청소년과 친밀한 개인적인 관계를 형성함으로써 이들에게 건전한 역할모델이 되어주고 정서적인 지지와 격려를 제공하는 역할을 담당합니다. 특히 사회적 취약계층 청소년을 대상으로 하는 멘토링을 보면 멘티에 비해 사회적인 경험이 많고 타인에 대해 보다 깊이 이해하고 존중하고자 하는 멘토가 멘티와 맺는 관계를 통해 위험요인이 많은 멘티를 강화시키는 데 역점을 둡니다.[9]

자신의 어려움을 이해해 주는 멘토와의 관계는 멘티에게 든든한 지원자 역할을 할 수 있습니다. 즉, 멘티는 멘토링 관계에서 자신의 힘을 더욱 잘 이끌어 낼 수 있게 되며 이러한 힘은 청소년기의 어려움을 해결해 나갈 수 있는 자원이 됩니다. 이러한 멘토링 관계는 사회적 관계망으로도 볼 수 있는데 사회적 관계망이 잘 형성될수록 개인은 타인으로부터 다양한 자원을 활용할 수 있습니다. 이러한 면에서 멘토링을 물적 자본, 인적 자본(건강, 교육수준, 기술 등)에 이어 제3의 자본인 '사회적 자본'이라고도 부릅니다.[10] 멘티는 이와 같은 사회적 관계망을 통해 대학생이나 성인 멘토가 지닌 지식과 경험, 정서적인 지지 등을 활용할 수 있게 됩니다.

실제 청소년기의 멘티는 자신보다 좀 더 앞서 비슷한 상황을 경험하고 해결방법을 모색해 본 경험이 있는 멘토와의 만남을 통해 실질적인 도움을 얻을 수 있습니다. 학습 멘토링의 경우, 청소년 멘티는 멘토링을 통해 일차적으로 학습 동기 및 학업성취 향상이라는 구체적인 도움을 받을 수 있습니다. 그러나 멘티의 학업성취 향상이라는 멘토링의 외적 목표를 성취하기 위해서는 신뢰할 수 있는 멘토링 관계를 형성하는 데 일차적 초점을 두어야 합니다. 한 연구[11]에 의하면 멘토링을 통해 형성된 긍정적인 관계는 학업불량 청소년들

---

9) 이현아(2004)
10) 이봉주 외(2010)
11) Brumskine-Labala(2002)

의 행동을 개선하고 학업에 대한 흥미와 열정을 증진시키는 데 도움이 되었습니다.

　이렇게 멘토링 관계가 중요하기 때문에 멘토들이 성공적으로 자신의 역할을 수행하기 위해서는 일정한 역량을 구비하는 것이 필요합니다. 멘토링에서는 멘티가 단지 지식전달을 할 뿐 아니라 사회생활 및 심리적인 측면에 있어서도 도움을 주는 것이 중요하기 때문입니다. 비전문가인 대학생이나 일반인 멘토들은 순수한 열정과 멘티를 향한 관심을 가지고 있지만, 구체적으로 어떻게 관계를 맺고 어떠한 점에 초점을 두고 지도하며 또 문제가 생길 때 어떻게 해결해야 하는지 잘 모르기 때문에 자칫 마음과 달리 멘티들에게 부정적인 영향을 줄 수 있으며 멘토 자신도 좌절하기 쉽습니다.[12] 따라서 멘토링 관계를 구체적으로 잘 맺는 것에 대해 구체적인 준비가 필요합니다.

요약

신뢰할 수 있는 멘토링 관계는 성공적인 멘토링의 핵심요소다. 멘토와 맺어진 관계는 학습을 효과적으로 전달하는 데 있어서 기본 바탕이 될 뿐 아니라 관계 그 자체로 멘티에게 사회적인 지지체계 역할을 한다. 따라서 멘토는 무엇보다 멘티와 관계를 잘 형성하기 위해 구체적인 노력을 기울여야 한다.

---

12) 김수임 외(2012)

2) 멘토링 관계 다루기의 실제

(1) 멘토링 관계 측정하기

다음의 설문지는 멘토가 멘티와 맺고 있는 멘토링 관계가 어떠한지 평가해 보는 데 도움이 될 만한 설문지[13]입니다. 총 29문항이며 5점 척도로 응답하도록 구성되어 있습니다.

각 문항을 읽고 본인에 해당하는 정도에 ∨표시 하십시오.

문항	전혀 그렇지 않다	그렇지 않다	보통 이다	그렇다	매우 그렇다
1 나는 멘티가 해내기 곤란하거나 힘든 일을 수행하거나 극복하는 데 도움을 준다.	①	②	③	④	⑤
2 나는 멘티와 학교생활에 대한 경험과 생각을 공유하고 나눈다.	①	②	③	④	⑤
3 나는 멘티에게 발전된 미래를 위해 미리 준비하도록 격려한다.	①	②	③	④	⑤
4 나는 멘티의 성장과 발전에 방해가 되는 위험요소들을 감소시키거나 제거할 수 있도록 노력한다.	①	②	③	④	⑤
5 나는 멘티가 여러 다양한 사람들(선생님, 또래, 선후배 등)과 만날 수 있도록 기회를 만들어 준다.	①	②	③	④	⑤
6 나는 멘티의 성장 가능성을 인정해 주는 사람들을 자주 접촉할 수 있도록 기회와 책임을 준다.	①	②	③	④	⑤
7 나는 멘티와 나의 과거 성장 경험 및 학창시절의 경험들을 나눈다.	①	②	③	④	⑤
8 나는 멘티의 학업목표(성적, 학업수준 향상 등)를 달성하는 데 필요한 특별한 방법을 가르쳐 준다.	①	②	③	④	⑤
9 나는 멘티의 현재 학교생활에 관한 태도와 수준에 대해 점검하고 피드백한다.	①	②	③	④	⑤
10 나는 멘티가 새로운 친구들을 만나도록 도와준다.	①	②	③	④	⑤

---

13) 이만기(2006)

문항	전혀 그렇지 않다	그렇지 않다	보통 이다	그렇다	매우 그렇다
11 나는 멘티의 학업 수준에서 새로운 지식을 배울 수 있는 기회와 과제를 부여한다.	①	②	③	④	⑤
12 나는 멘티의 성장(성적 향상, 과제완수 등)과 관련하여 지원해주고 피드백을 한다.	①	②	③	④	⑤
13 나는 멘티가 더 높은 학년이 되었을 때 수월하게 학업을 수행할 수 있도록 과제를 부여한다.	①	②	③	④	⑤
14 나는 멘티가 경력목표(자격증, 과외활동 등)를 달성하는 데 도움이 되는 방법을 가르쳐 준다.	①	②	③	④	⑤
15 나는 멘티가 그 시기에 새로운 것을 시도하는 것에 대해 격려해 준다.	①	②	③	④	⑤
16 나는 멘티를 하나의 인격체로 대해 주며 멘티를 존중한다.	①	②	③	④	⑤
17 나는 멘티가 학교생활 중에 겪는 여러 문제에 대해 멘티의 의견을 묻거나 이야기를 들어 준다.	①	②	③	④	⑤
18 나는 멘티의 이야기를 잘 들어 주는 능력이 있다.	①	②	③	④	⑤
19 나는 멘티의 역량, 학업관련, 또래문제, 가정문제 등의 걱정이나 고민에 대해 상담해 준다.	①	②	③	④	⑤
20 나는 멘티의 문제에 대해 대안이 될 수 있는 나의 개인적 경험을 나누어 준다.	①	②	③	④	⑤
21 나는 멘티가 학업 및 진로와 관련하여 겪는 걱정이나 두려움을 털어놓고 얘기할 수 있도록 격려해 준다.	①	②	③	④	⑤
22 나는 멘티와 얘기하였던 관심사나 멘티가 받은 느낌에 대해서 진심으로 공감해 준다.	①	②	③	④	⑤
23 나는 멘티가 신뢰감을 갖고 상담했던 내용에 대해 나의 느낌을 유지하고 관련 비밀을 지켜준다.	①	②	③	④	⑤
24 나는 멘티를 식사나 모임 등에 초대한 적이 있다.	①	②	③	④	⑤
25 나는 멘티와 공식적인 멘토링 활동 외에 사적으로 교류를 한 적이 있다.	①	②	③	④	⑤
26 멘티는 나를 닮으려고 노력한다.	①	②	③	④	⑤
27 멘티는 학교생활 및 학업과 관련하여 내가 가지고 있는 가치관과 태도를 인정하고 동의한다.	①	②	③	④	⑤

문항		전혀 그렇지 않다	그렇지 않다	보통 이다	그렇다	매우 그렇다
28	멘티는 나를 존중하고 존경한다.	①	②	③	④	⑤
29	멘티는 대학생활에서 혹은 사회에서 나와 비슷한 위치가 된다면 나의 모습과 행동을 닮으려 할 것이다.	①	②	③	④	⑤

* 출처: 이만기(2006) 재인용.

위 설문에 모두 응답하였으면 다음 〈표 8-1〉을 참조하여 멘토링 관계를 점검하도록 합니다. '전혀 그렇지 않다' 1점, '매우 그렇다' 5점으로 하여 본인이 ∨표시한 점수를 하위 요인별로 합산하면 됩니다. 본 설문에서 멘토링 관계의 하위 요인은 크게 진로개발 기능, 심리 · 사회적 기능, 역할모델 기능의 세 가지로 구분됩니다. 점수가 높은 영역이 자신이 맺는 멘토링 관계의 특징에 해당합니다. 정확한 기준이 있는 것은 아니지만, 평균 점수가 87점으로 총점이 이보다 높을수록 멘토링 관계를 잘 맺고 있다고 할 수 있습니다.

〈표 8-1〉 멘토링 관계 채점표

하위 요인		문항번호	채점	합계
진로개발 기능	후원	1~3		
	노출 및 소개	4~6		
	지도	7~10		
	보호	11~12		
	도전적 업무부여	13~14		
심리 · 사회적 기능	상담	15~17		
	수용 및 확인	18~23		
	우정	24~25		
역할모델 기능		26~29		
총점				

(2) 멘토링 관계 다루기

멘토가 멘토링 관계를 잘 다루는 것이 필요한데 이에 도움이 되는 구체적인 지침은 다음과 같습니다.[14]

첫째, 멘토링 관계를 잘 이끌어 나가기 위해서는 멘토링에서 멘토가 갖는 역할이 무엇인지 명확하게 이해하는 것이 필요합니다.

멘토의 역할은 다음과 같습니다.

- 멘토는 자신이 친구나 지지자로서 역할을 갖고 있다는 점을 인식해야 한다. 멘토는 교사나 부모가 아니다.
- 멘토는 멘티에게 좋은 경청자가 되어야 한다. 문제를 해결해 주려는 마음이 앞서기 쉬운데, 대부분 좋은 경청자가 되는 것으로도 충분하다.
- 신뢰할 수 있는 일관된 태도로 멘티를 만나야 한다. 무엇보다 일정한 간격으로 꾸준하게 만나는 것이 중요하다.
- 멘티와 신뢰관계를 형성하기 위해 처음에는 멘토의 책임이 더 크다는 것을 기억해야 한다. 그러다 보면 아무래도 어느 정도 일정 기간 동안 멘토는 '외사랑'의 시련을 거치게 마련이다.
- 멘티와 만나서 어떻게 시간을 보낼 것인지에 대해 멘티와 의논하여 결정하도록 한다. 멘토가 일방적으로 계획을 세울 경우 멘티가 수동적으로 되기 쉽고 멘토링에 대한 참여 의지도 저하될 수 있다.
- 멘토는 멘티에게 선택할 수 있는 대안을 항상 제시하며 멘티의 선택할 권리를 존중해 주도록 한다.
- 멘티가 흥미나 재미를 느끼는 활동을 통해 깊은 멘토링 관계가 형성될 수 있다. 멘티가 흥미나 재미를 느낄 수 있는 관심사를 파악하여 이에 초점을 맞추도록 한다. 멘티가 흥미를 느끼는 활동 자체를 함께하거나 흥미를

---

14) HFISCV & NMC(2007)

느끼는 활동을 점차 학습과 연결지어 나가도록 한다.
- 멘토가 모든 문제를 다 해결할 수 없기 때문에 슈퍼바이저에게 항상 조언을 구하는 것이 필요하다. 항상 혼자 해결하려고 하지 않는다.

둘째, 멘토링 관계를 잘 다루기 위해서는 멘티에게 안내를 제공하고 멘토링 관계에 적절한 한계를 설정하는 것이 필요합니다.

멘토는 멘티와 협의하여 멘토링의 목표를 설정하고, 멘토링을 구조화해야 합니다. 구조화란 만남의 횟수, 방법, 장소, 비용, 활동내용 등을 미리 명확하게 정하는 것을 의미합니다. 멘토가 멘티와의 관계에서 적절한 한계를 설정하고 이를 공유하면 멘티가 멘토에게 좌절감을 느끼거나 실망하여 일찍 멘토링 관계를 중단하는 것을 예방할 수 있습니다.

친밀한 관계를 맺기 위해 때때로 멘티가 어떤 한계를 넘어설 때 멘토가 이를 허용하며 멘티에게 끌려 다니는 경우가 발생하는데, 그렇게 되면 멘토는 분노감이 들고 이용당했다거나 침범당했다는 느낌이 들 수 있으며, 정서적 소진 등을 경험할 수 있습니다. 따라서 멘토는 멘토링 관계에서 돈, 행동, 자기 개방, 시간, 멘티 보호자와의 관계 등과 관련하여 적절한 한계를 미리 설정해 둠으로써 자신을 보호하는 것이 필요합니다.

다음은 멘토링 관계에서 적절한 한계 설정을 하기 위해 멘토가 자문해 보면 좋은 질문들입니다.[15]

■ 돈

- 멘티와의 만남에서 돈은 어느 정도 사용할 것인가?
- 멘티가 무언가를 사 달라고 요청하면 어떻게 할 것인가?
- 멘티의 부모가 금전적인 도움을 요구하면 어떻게 할 것인가?

---

15) 김문근(2010)

■ 행동

- 멘티가 예의 바르지 않은 말을 사용하거나 타인을 학대하거나 타인의 물건을 훔치는 행동을 하면 어떻게 할 것인가?
- 멘티와 만날 때 멘티가 나를 존중하지 않으면 어떻게 할 것인가?

■ 자기개방

멘티가 사적인 질문(예를 들어, 이성교제나 가정사 혹은 기타 사적인 일들에 대해)을 하면 어떻게 할 것인가?

■ 시간

- 멘티와 어느 정도의 시간을 보내는 것이 내게 편안한가?
- 멘티는 나의 업무시간에 전화해도 되는가?
- 멘티가 나에게 전화할 수 있는 시간은 언제인가?
- 만남을 약속한 시간에 멘티가 나오지 않으면 어떻게 할 것인가?

■ 멘티 보호자와의 관계

- 멘티의 보호자가 만나자고 하면 어떻게 할 것인가?
- 멘티의 보호자가 나에게 멘티에 대한 불평을 잔뜩 늘어놓으면 어떻게 할 것인가?
- 멘티의 집을 방문할 것인가?

셋째, 멘토링 관계를 잘 다루기 위해서는 신뢰관계 형성에 해로운 요소들을 미리 파악하여 이해하고 있는 것이 필요합니다.

다음 〈표 8-2〉은 신뢰관계 형성에 방해가 되는 행동들을 도움이 되는 방향
으로 바꾸려면 어떻게 해야 하는지를 담은 내용입니다.

〈표 8-2〉 멘토링의 신뢰관계 형성과 관련 행동

신뢰관계 형성에 방해되는 행동	신뢰관계 형성에 도움되는 행동
멘티의 행동을 변화시키겠다는 목표에만 초점을 두고 관계를 형성하려 한다.	먼저 멘티를 신뢰하고 존중하는 인격적인 관계를 형성하고자 한다.
멘티가 먼저 연락하거나 적극적이기를 기대하며 멘티에 대해 불평한다.	멘토링 관계를 형성하는 데 일차적인 책임이 멘토에게 있음을 인식하고 멘티에게 먼저 다가서려고 노력한다.
멘티가 살아온 환경에서 습득한 가치관과는 다른 자신의 가치관을 주입하려고 한다.	멘티가 자신과 다른 가치를 가질 수 있음을 인정하고 이에 대해 수용하고 존중한다.
멘티와의 관계에서 부모 혹은 권위자의 역할을 취하며 멘티를 일방적으로 변화시키려 한다.	멘티 스스로 변하는 것이지 멘토가 변화시킬 수 없음을 인식한다. 멘티를 변화시키려 할수록 멘티는 멘토로부터 멀어질 것이다.

* 출처: 김문근(2010)

그 외 신뢰관계를 형성하기 위해서는 멘티와의 기본적인 약속을 잘 지키는
것이 중요합니다. 멘티와 만나기로 한 약속에 대해 책임감을 가지고 임해야
합니다. 멘티와의 약속을 잘 지키는 멘토의 자세는 멘티에게 신뢰감을 심어
줄 뿐 아니라 교육적 효과도 있습니다.

멘토가 멘티의 비밀을 꼭 지켜주는 것도 신뢰관계에 매우 중요합니다. 멘
티가 어렵게 꺼낸 가정사나 친구, 선생님과의 관계 등의 이야기에 대해 반드시
비밀을 지키되, 예외인 상황에 대해서도 숙지하고 있을 필요가 있습니다. 자
살, 가출, 약물 등과 같은 위기상황에서는 혼자만 알고 있으면 안 되고 기관에

신속하게 알려야 합니다.

넷째, 멘티와의 효과적인 의사소통에 도움이 되는 전략들을 사전에 숙지하고 익히는 것이 필요합니다.

멘토는 멘티와 신뢰관계를 형성하기 위해, 또 신뢰관계를 유지하며 멘토링에 긍정적 영향을 미치기 위해 의사소통에 주의를 잘 기울여야 합니다. 효과적인 의사소통을 위한 구체적인 지침들을 소개해 보도록 하겠습니다.

① 멘티의 말을 경청하기

경청은 모든 긍정적 인간관계, 상담 등에서 가장 기본적인 요소입니다. 멘토는 멘티에게 진정성을 갖고 관심과 애정을 기울여야 합니다.

잘 경청하기 위해 다음과 같은 점[16]들을 숙지하여 실천해 보면 도움이 됩니다.

요약

- 멘티와 눈높이 자세에서 시선을 마주하며 대화한다.
- 멘티의 비언어적 메시지(표정, 행동 등)에 주의를 기울인다.
- 멘티의 감정에 주의를 기울인다.
- 개방형 질문을 한다.
- 멘티가 말한 바를 자신의 언어로 반영해 준다.
- 잘 이해되지 않으면 멘티에게 질문한다.
- 선입견 및 즉각적인 평가를 자제한다.
- 멘티에게 잘 듣고 있음을 알린다.

---

16) 김문근(2010)

② 멘티를 이해하고 공감하기

멘티를 변화시키려고 하기 이전에 먼저 멘티를 충분히 이해하고 공감하려는 자세가 매우 중요합니다. 이해와 공감은 말과 태도, 눈빛 등을 통해 전달되는데 대화에서 공감하는 데 도움이 되는 어기역차[17] 전략을 소개하면 다음과 같습니다.

어 ······ 어떤 이야기인지 잘 들어 준다!

기 ······ 기분이 어떤지 이해해 준다!

역 ······ 역지사지, 입장을 바꿔 생각해 본다!

차 ······ 생각의 차이가 있음을 인정한다!

③ 멘토링 관계를 좌절시키는 의사소통

좋은 멘토링 관계를 형성하는 데 방해가 되는 의사소통 방식을 다음에 제시하였습니다.[18] 멘토는 자신의 의사소통 방식이 이러한 범주에 혹시라도 해당하지는 않는지 점검하고 만일 해당하는 것이 있다면 수정해 가도록 합니다.

〈표 8-3〉 좋은 멘토링 관계를 형성하는 데 방해가 되는 의사소통 방식

의사소통 방식	예시
강요나 협박하기	• (일방적으로) 이거 해! • 이렇게 안 하면 선생님한테 말씀드릴 거야.
판단이나 비난하기	• 학생이 그렇게 하면 되니? • 그 애는 게을러. • 너는 너무 이기적이어서 문제야.

---

17) 이상희, 노성덕, 이지은(2010)
18) Rosenberg(2011)

비교하기	• 다른 애들은 이렇게 안 해. • (멘티 A에게) 네가 멘티 B보다 잘해. • 전에 멘티는 달랐는데.
충고나 조언하기	• 그건 이렇게 해야지. • 나라면 이렇게 할 거야. 너도 그렇게 해 봐. 　* 종종 멘토의 충고나 조언이 적절하게 필요한 경 　우가 있습니다. 충고나 조언이 필요한 경우에는 　공감을 먼저 하는 가운데 전달하도록 하며, 충고 　나 조언을 할 경우에는 멘티가 꼭 받아들여야 한 　다는 강압적인 태도를 취하지 않도록 합니다.
책임회피나 책임전가하기	• 선생님이 그렇게 하라고 했어. • 네가 자꾸 늦었기 때문에 이렇게 된 거잖아. • 난 모르겠어.
멘티의 말을 가볍게 취급 하기	• 그거 별거 아니야. 뭐 그런 걸로 고민하고 그래. • 그냥 잊어버려. • 우리 다른 얘기하자.

2. 학습 동기

사례

　대학에 입학한 철수는 의미 있는 활동을 하고 싶었다. 그러던 중 멘토링 프로그램 홍보물을 접하게 되었고 '이거다!' 하며 프로그램에 지원하였다. 드디어 중학생 멘티 동현이를 만나는 첫날이 되었다. 철수의 설렘은 동현이를 만나 10분 정도 대화하는 사이에 근심으로 바뀌었다. 동현이는 불만이 가득한 얼굴로 앉아 자신은 오기 싫었는데 선생님이 가라고 해서 할 수 없이 왔다며 철수의 질문에 마지못해 대답하곤 하였다. 어떤 질문을 하여도 심드렁했고 소극적인 태도를 보였다. 급기야

> 철수는 '이렇게 동기가 없는 아이를 데리고 굳이 멘토링을 해야 하는 걸까……, 또 한다면 어떻게 해야 하는 걸까…….' 하는 회의와 걱정이 밀려왔다.

1) 학습 동기 이해하기

학습 멘토링에서 멘티가 적극적으로 멘토링에 참여하기 위해서는 무언가를 배우고 익히고자 하는 학습 동기가 꼭 필요합니다. 앞의 사례에 등장하는 동현이처럼 멘토링에 참여하는 멘티 중에는 자발적으로 참여하기보다 부모나 교사에 의해 보내지는 경우도 많아 멘토링에 대한 동기가 약한 경우가 자주 있습니다. 더욱이 학습 능력이 떨어지는 멘티의 경우 학습에 대한 동기를 더욱 갖기 어려워, 학습 멘토링에 있어서 멘티의 학습 동기 문제는 멘토들에게 큰 고민거리입니다. 이를 간과하고 바로 학습을 시작할 경우 멘토들은 좌절을 맛보기 쉽습니다. 따라서 멘토가 학습 동기의 중요성에 대해 잘 이해하고 멘토링 초반에 이를 잘 다루어 주는 것이 학습 멘토링의 성공에 매우 중요합니다.

학습 동기는 성공추구 동기와 실패회피 동기, 내재적 동기와 외재적 동기 등으로 나누어 볼 수 있습니다.[19]

성공추구 동기는 말 그대로 성공을 위해 학습하고자 하는 동기입니다. 성공추구 동기가 높은 사람은 목표 달성이 너무 어려운 과제보다 중간 정도의 난이도가 있는 과제에 도전하는 경향이 높습니다. 이들은 실패하고 있는 상황에서도 지속적인 노력을 하는 특징을 보입니다.

실패회피 동기는 성공하기 위해서라기보다 실패하지 않기 위해 학습하려는 동기입니다. 이러한 동기를 가진 사람들은 실패할 가능성이 있는 상황에서

---

19) 김동일 외(2011)

는 시도 자체를 하지 않으려는 경향을 나타냅니다. 혹은 반대로 아예 비현실
적이고 무모한 시도를 하는 경우도 있습니다. 자신감이 없거나 자존감이 낮을
경우 성공추구 동기보다 실패회피 동기를 갖기 쉽기 때문에 멘티들의 경우
실패회피 동기가 높은 아이들이 많을 가능성이 있습니다.

　내재적 동기는 학습을 하려는 동기가 개인 내면에 존재하는 것입니다. 이
를테면 개인의 흥미에 따라 과제를 찾아 성취해 가는 과정에서 능력을 발휘
하게 되는 것을 말합니다.

　외재적 동기는 학습을 하고자 하는 동기가 과제 자체에 대한 흥미보다는
해당 과제를 성취함으로써 얻게 되는 보상이나 이익에 따라 동기화되는 것을
의미합니다. 학습에 대한 내재적 동기를 갖는 것이 바람직하겠지만 처음부터
이를 강요하기보다는 멘티가 원하는 보상, 예를 들어 칭찬, 간식, 작은 선물
등의 외재적 동기에서 시작하여 학습을 유도하다 보면 성공경험이 생기면서
점차 학습 자체에 대한 흥미가 높아지는 방향으로 나아갈 수 있습니다.

　학습 동기는 다음 〈표 8-4〉와 같이 8단계로 구분됩니다. 멘티가 이 단계 중
어느 단계에 해당하는지 파악해 보는 것이 멘토링 활동을 계획하는 데 도움
이 됩니다. 멘토 자신의 학습 동기를 점검해 볼 수도 있습니다.

〈표 8-4〉 학습 동기의 8단계

단계		특징
1	무기력	학습 동기가 전혀 내면화되지 않은 상태를 의미한다. 자신이 학습을 해도 성과가 있을 거라고 기대하지 못하며, 성과를 내기 위한 행동조차 할 자신이 없다고 느끼는 무기력한 상태다. 따라서 목표 지향적인 행동을 전혀 하지 않으려는 모습을 보인다.
2	외적 강압	교사나 부모 등 누군가가 직접적으로 보상을 주거나 통제를 하면서 구체적인 행동을 지시해야 학습 행동을 하는 단계다. 예를 들어, 선생님이나 부모님에게 혼나지 않기 위해, 혹은 원하는 것을 사 준다고 해서 이러한 보상을 받기 위해 공부하는 모습을 나타낸다.

3	내적 강압	외적강압과 달리 타인이 아닌 스스로가 자신의 행동을 통제하지만, 학습 동기는 외적 강압과 마찬가지로 외적 가치나 보상체계를 그대로 내면화한 단계다. 내적 강압 단계에서는 죄책감이나 긴장, 불안이 높고 이를 피하기 위해 공부하는 특징을 나타낸다.
4	유익 추구	자신이 세운 어떤 목표를 이루기 위해 유익한 행동을 스스로 선택하여 수행하는 단계다. 예를 들어, 수학 실력을 향상시키기 위해 학습 멘토링을 자발적으로 선택하여 참여하는 행동을 한다.
5	의미 부여	어떤 행동을 하는 데 있어서 스스로 가치 있다고 판단하여 선택하는 단계다. 이 단계에서는 자신의 자아개념, 인생관, 목적에 부합하는 방향으로 행동을 수행해 간다. 예를 들어, 장래의 꿈을 이루기 위해 공부해야겠다는 결정을 내리고 학습을 하는 것이 이에 해당한다.
6	지식 탐구	알고, 이해하고, 의미를 추구하려는 욕구에 의해 공부하는 단계다. 새로운 내용을 학습하고, 탐구하고, 이해하는 동안에 경험하게 되는 즐거움과 만족 자체를 추구하는 것을 특징으로 한다.
7	지적 성취	과제를 완벽하게 수행하는 데 중점을 두며, 유능감을 느끼고 성취하고 창조하고자 공부에 몰두하는 단계다. 이 과정에서 경험하는 즐거움과 만족을 얻기 위해 공부하는 것은 지식 탐구와 비슷하며 여기에 더해 과제를 완벽하게 수행하고자 노력하는 행동을 보인다.
8	지적 자극 추구	무아지경, 흥분감, 절정경험 등을 얻기 위해 공부한다. 예를 들어, 자극적인 토론에서 경험하는 재미를 얻기 위해 수업에 참여하거나, 열정적이고 흥분되는 학습 내용을 통해 강렬한 지적 즐거움을 얻기 위해 독서하는 행동 등을 보인다.

* 출처: Vallerand & Bissonnett(1992)

2) 학습 동기 다루기의 실제

(1) 학습 동기 측정하기

다음의 설문지를 통해 학습 동기를 측정해 보도록 합시다. 각 문항을 읽고

'내가 공부하는 이유는……'에 해당하는 정도를 오른쪽 5점 척도에 ∨표시 하도록 합니다. '전혀 그렇지 않다'가 1점, '매우 그렇다'가 5점입니다.

	내가 공부하는 이유는…	전혀 그렇지 않다	그렇지 않은 편이다	보통 이다	그런 편이다	매우 그렇다
1	선생님께 인정받기를 원하기 때문에	①	②	③	④	⑤
2	공부하는 것을 즐기므로	①	②	③	④	⑤
3	나는 공부를 왜 해야 하는지 모르겠다.	①	②	③	④	⑤
4	공부하면서 모르는 것을 알아 가기 위해	①	②	③	④	⑤
5	선생님께서 하라고 시키므로	①	②	③	④	⑤
6	부모님께서 실망하시는 것을 원하지 않기 때문에	①	②	③	④	⑤
7	공부하는 것이 재미있기 때문에	①	②	③	④	⑤
8	나는 내가 학교에서 뭘 하고 있는지 모르겠다.	①	②	③	④	⑤
9	공부를 하면 실생활에 유용하게 쓰일 수 있으므로	①	②	③	④	⑤
10	지식을 쌓아 가는 것은 매우 가치 있는 일이라고 믿기 때문에	①	②	③	④	⑤
11	부모님께서 하라고 시키므로	①	②	③	④	⑤
12	수업 내용을 이해하는 데 도움이 되므로	①	②	③	④	⑤
13	지식을 쌓는 것이 재미있어서	①	②	③	④	⑤
14	친구들이 나를 똑똑한 학생으로 봐 주기를 원하기 때문에	①	②	③	④	⑤
15	나는 왜 학교에 가는지 모르겠고 솔직히 전혀 신경 쓰지 않는다.	①	②	③	④	⑤
16	수업시간에 배운 내용을 확인하려고	①	②	③	④	⑤
17	나는 솔직히 학교에서 시간을 낭비하고 있는 것 같은 느낌이다.	①	②	③	④	⑤
18	선생님께서 나를 무시하는 것을 원하지 않으므로	①	②	③	④	⑤
19	모르는 것에 대한 해답을 알고 싶어서	①	②	③	④	⑤
20	공부는 나의 관심사가 아니다.	①	②	③	④	⑤
21	어려운 도전들로부터 기쁨을 얻기 때문에	①	②	③	④	⑤

내가 공부하는 이유는…	전혀 그렇지 않다	그렇지 않은 편이다	보통 이다	그런 편이다	매우 그렇다
22 경쟁 상대를 이기기 위해서	①	②	③	④	⑤
23 공부하지 않으면 부모님께서 화를 내시므로	①	②	③	④	⑤
24 성적이 나쁘면 창피하므로	①	②	③	④	⑤
25 공부하지 않으면 선생님께서 벌을 주시므로	①	②	③	④	⑤
26 나중에 공부할 때 좀 더 어려운 내용을 이해하는 데 도움이 되므로	①	②	③	④	⑤
27 공부를 하면 선생님께서 칭찬하시므로	①	②	③	④	⑤
28 인생에서 공부는 중요한 것이 아니다.	①	②	③	④	⑤
29 공부를 하면 부모님께서 상(용돈, 선물, 칭찬 등)을 주시므로	①	②	③	④	⑤
30 생각하기를 좋아하기 때문에	①	②	③	④	⑤

* 출처: 김아영(2010)

위 설문지의 하위 척도는 무동기, 외적 조절 동기, 내사된 조절 동기, 확인된 조절 동기, 내재적 동기 등 다섯 가지로 구성되어 있습니다. 채점은 하위 영역별로 해당하는 문항의 점수를 합산하여 가장 많은 점수를 보이는 것이 자신의 학습 동기 수준에 해당합니다.

〈표 8-5〉 학습 동기 채점표

하위 영역	문항	합계
무동기	3, 8, 15, 17, 20, 28	
외적 조절 동기	5, 11, 23, 25, 27, 29	
내사된 조절 동기	1, 6, 14, 18, 22, 24	
확인된 조절 동기	4, 9, 10, 12, 16, 26	
내재적 동기	2, 7, 13, 19, 21, 30	

결과를 해석하여 가장 많이 나온 하위 영역 점수가 자신의 학습 동기 수준입니다. 각 하위 영역의 의미는 다음과 같습니다. 무동기는 말 그대로 동기가 없는 상태를 의미합니다. 외적 조절 동기는 앞의 학습 동기 8단계 중 2단계의 외적 강압 단계와 유사합니다. 내사된 조절 동기는 앞의 학습 동기 8단계 중 3단계인 내적 강압 단계에 해당합니다. 확인된 조절 동기는 학습 동기 8단계 중 4, 5단계와 유사하다고 볼 수 있습니다. 마지막으로 내재적 동기는 학습 동기 8단계 중 6, 7단계에 해당한다고 이해할 수 있습니다.

(2) 학습 동기 다루기

멘토들은 멘티의 학습 동기를 파악한 후 멘토링 활동 기간에 이를 지속적으로 다루어 나가야 합니다. 학습 동기가 없는 멘티들의 대부분은 학습에서 실패가 반복되면서 좌절과 무력감을 경험하고 있습니다. 따라서 이러한 멘티는 학습 멘토링에 대해 회의적이거나 방어적일 수 있습니다. 멘토가 멘티의 이러한 면을 먼저 이해하는 것이 필요합니다.

멘토링에 임하는 멘토의 경우 멘티가 빨리 변화되기를 기대하게 되는데, 특히 학습 동기가 별로 없는 멘티를 만난 멘토는 이러한 조급한 마음을 버리고 인내심을 가져야 합니다. 왜냐하면 학습에 대한 무력감은 오랜 시간에 걸쳐 누적되었을 가능성이 높아 변화가 더디게 일어나기 때문입니다.

멘토는 전문가가 아니기 때문에 이를 전문적으로 개입하는 데 한계가 있을 수밖에 없으며 멘티의 학습 동기 증진에 책임을 모두 져야 할 필요는 없습니다. 단, 촉진자로서 어떻게 멘티에게 다가가 조금이라도 효과적으로 학습 동기를 높일 수 있는지 고민해야 합니다.

학습 동기는 일반적인 동기의 일종이기 때문에 동기를 강화하는 기본적인 원리를 살펴봄으로써 학습 동기를 증진시키는 데 적용해 볼 수 있습니다. 다음은 일반적으로 동기를 강화하는 기본 원리들입니다.

〈표 8-6〉 학습 동기 강화 원리

	원리	내용
1	공감을 표현한다	• 잘 수용해 주면 오히려 변화가 촉진된다. • 반영적 경청은 필수적이다. • 멘티가 공부를 해야 한다는 것을 알지만 하고 싶지 않다고 느끼는 것은 '정상'이다.
2	불일치감을 만든다	• 변화 동기는 현재의 행동과 개인의 중요한 가치관 사이에 불일치감을 느낄 때 생기게 된다. • 예를 들어, 멘티가 부모에게 인정을 받고 싶은데 실제 행동은 부모로부터 비난을 받게 되는 방향으로 하고 있음을 자각하도록 한다.
3	저항과 '함께' 구른다	• 변화에 대한 논쟁을 피하라. • 멘티의 저항에 직접적으로 맞서면 안 된다. • 새로운 관점은 유도되어야 하는 것이지 강요되어서는 안 된다. • 해결책의 제1자원은 멘티 자신이다. • 멘티의 저항은 멘토의 반응을 바꾸라는 신호다.
4	자기효능감을 지지해 준다	• 변할 수 있다는 개인의 믿음이 중요한 동기요인이다. • 멘토가 아닌 멘티에게 변화를 선택하고 이행하는 책임이 있다. • 사람의 변화 능력에 대한 멘토의 신념은 자기예언충족이 된다. 즉, 멘티가 변화할 수 있다고 멘토가 믿을 때 멘티는 변화한다.

* 출처: 신성만, 권정옥, 이상훈(2015) 재인용.

기본 원리 중 첫 번째 공감을 표현하는 것은 멘토의 변화를 촉진하는 데 큰 도움이 됩니다. 학습 동기가 없는 멘티에게 공감을 하면 바람직하지 않은 상태에 계속 머물게 될까 봐 염려하여 적극적으로 공감하지 못하는 경우가 있을 수 있는데, 오히려 사람은 공감받을 때 변화할 가능성이 높아집니다. 따라서 멘티의 이야기를 적극적으로 경청하여 공감하는 데 먼저 힘을 쏟도록 합니다. 또한 멘티가 공부해야 한다는 것은 알지만 하기 싫다며 양가감정[20]을 표현할 때 멘토가 설득하려고 하기 쉬운데 양가감정을 갖는 것은 자연스러운 현상임을 인정하고 그 자체로 수용하는 것이 필요합니다.

어떤 이야기인지 들어 주고자 할 때 현재의 어려움을 이해하기 위해 촉진적으로 할 수 있는 질문에는 다음과 같은 것들이 있습니다.

촉진적 질문들

- "지금 상태에 대해 걱정되는 것은 무엇이니?"
- "공부를 잘 못해서 그동안 겪었거나 지금 겪고 있는 어려움은 무엇이니?"
- "○○의 학습이 부진한 것에 대해 ○○ 자신이나 주변 사람들이 걱정하는 문제는 무엇이니?"
- "만약 ○○가 변하지 않으면 어떤 일이 일어날 것이라고 생각하니?"

이와 같은 촉진적 질문을 통해 멘티의 이야기를 들을 때 피해야 할 질문들이 있습니다. 멘티의 어려움을 사소한 것으로 치부하거나 멘티를 몰아붙이는 식의 질문입니다. 멘토 입장에서는 쉬워 보이는 것이 멘티에게는 어려운 일일 수 있음을 꼭 기억하는 것이 필요합니다. 다음은 피해야 할 질문들의 예입니다.

피해야 할 질문들

- "왜 변화하려고 하지 않니?"
- "어떻게 문제가 없다고 말할 수 있지?"
- "지금 현재 위기에 처해 있다고 생각하지 않는 이유가 있니?"
- "~를 그냥 시도해 보면 어때?"
- "~를 왜 할 수 없지?"

다음은 변화에 대한 동기를 불러일으키기 위해 멘티가 현재 학습에 대한

---

20) 두 가지의 상호 대립되거나 상호 모순되는 감정이 공존하는 상태를 의미한다. 예를 들어, 한 대상에 대해 사랑과 증오를 동시에 느끼는 것을 의미한다.

중요성을 어떻게 인식하고 있고, 또 학습에 대한 효능감이 어느 정도인지 확인하는 데 도움이 되는 질문들입니다. 이는 멘티에 대해 멘토가 이해하는 데도 도움이 되고 멘티 자신의 인식을 분명하게 함으로써 목표를 선명하게 세우는 데도 도움이 됩니다.

> **중요도 파악을 위한 질문**
>
> "○○에게 공부는 얼마나 중요하다고 생각하니? 0점은 '전혀 중요하지 않음'이고 10점은 '아주 중요함'을 나타내는 10점 척도로 점수를 매긴다면 ○○는 어디에 있는 것 같니?"

> **자신감 파악을 위한 질문**
>
> "만약 ○○이가 공부하겠다고 결심한다면(만약에 말이야) 어느 정도 자신 있게 해낼 수 있을 것 같니? 0점은 '전혀 자신 없음'이고, 10점은 '아주 자신 있음'인 10점 척도로 점수를 매긴다면 ○○이는 어디에 있는 것 같니?"

중요도와 자신감에 해당하는 앞의 두 가지 질문에 대한 멘티의 답에 따라 다음의 네 가지 유형으로 구분하여 살펴볼 수 있습니다.

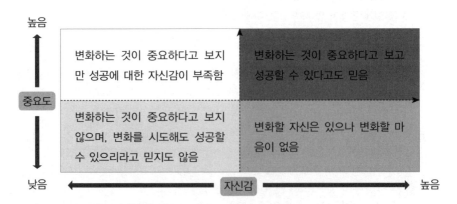

[그림 8-1] 학습에 대한 중요도와 자심감에 따른 멘티의 유형

자신감도 낮고 학습의 중요도도 낮은 멘티는 가장 심각한 경우로, 변화하는 것이 중요하다고 생각하지도 않고, 변화를 시도한다고 하더라도 성공할 수 있을 것이라고 믿지 않는 경우입니다. 이러한 멘티에게는 변화가 가져올 수 있는 긍정적인 면에 대해 자극을 주고 생각해 볼 수 있도록 하는 질문이 효과적입니다. 예를 들어, "○○는 어떻게 변화되기를 바라니?" "공부를 열심히 하면 어떤 점이 좋을까?" "지금부터 3년 뒤(혹은 1년 뒤, 5년 뒤, 10년 뒤)에 ○○이 모습이 어땠으면 좋겠니?" "○○가 변화했을 때 상상할 수 있는 최고의 결과는 무엇일까?" 등의 촉진적 질문을 통해 변화한 상태에 대해 자꾸 그려 볼 수 있도록 합니다.

자신감은 낮고 학습의 중요도는 높은 멘티의 경우 심리적으로 불안하고 위축되어 있을 가능성이 높습니다. 이러한 멘티에게 필요한 것은 작은 성공경험입니다. 작은 성공경험들을 통해 멘티 자신에 대해 '나도 할 수 있다'는 자신감을 조금씩 가질 수 있도록 하는 것이 중요합니다. 이를 위해서는 멘티에게 너무 높은 목표를 세우는 것보다 멘티의 노력으로 성공해 볼 만한 작은 학습목표를 설정하여 성공경험을 가질 수 있도록 해야 합니다. 자신감이 낮은 멘티의 경우 성공경험을 하더라도 자신의 노력을 스스로 인정하기보다 외부 요인에 귀인하기 쉬운데, 이때 멘토가 멘티의 노력을 칭찬하고 알게 해 주는 것이 도움이 됩니다.

자신감은 있지만 학습의 중요도가 낮게 나타나는 멘티는 변화할 마음 자체가 없는 경우로 학습 자체의 문제라기보다 가정이나 교우관계 혹은 다른 영역에서 화가 나 있거나 상처를 받았을 수 있습니다. 학습을 강요하기보다 마음이 풀리는 것이 먼저일 수 있으니, 이러한 면을 주의 깊게 살펴보면서 대화를 시도해 가는 것이 필요합니다.

마지막으로 자신감도 있고 학습의 중요도도 높은 멘티를 만나는 멘토는 행운입니다. 이들에게는 멘토가 기울이는 관심과 정성만큼 결과가 바로 나타나기 때문에 멘토는 상대적으로 수월하게 멘토링 활동을 진행할 수 있습니다. 이러한 멘티들이 멘토링을 통해 최대의 효과를 거둘 수 있도록 멘토가 적극적으로 준비하고 격려하며 지원해야 할 것입니다.

3. 학습 전략

> **사례**
>
> 창수의 멘티 우빈이는 공부를 매우 열심히 하는 성실한 아이다. 언제나 최선을 다하고 무엇이든 열심히 하지만 성적은 늘 좋지 않았다. 우빈이는 시험 치기 몇 주 전부터 친구들도 만나지 않고 책상 앞에 앉아 있었지만, 시험지를 받았는데 모르는 게 너무 많아서 속상했다. 우빈이는 자신보다 공부를 안 하는 거 같은 다른 친구들도 성적이 잘 나온 걸 보면 속상하고 짜증이 났다. 우빈이는 자신의 공부 방법에 문제가 있는 것일까 고민이 되지만 어떻게 하는 것이 효과적인 방법인지 몰라 고민이다.

1) 학습 전략 이해하기

(1) 학습 전략

공부를 할 때도 정확한 방법과 전략이 필요합니다. 많은 멘티는 열심히 공부는 하지만 비효율적이고 잘못된 학습 방법으로 인해 노력한 만큼의 결과를 얻지 못하는 경우가 많습니다. 이런 경우 멘토는 멘티의 학습 방법을 파악해 효율적인 학습 방법을 제공할 필요가 있습니다. 이런 효율적인 학습 방법을 학습 전략이라고 합니다. 학습 전략이란 효율적인 학습 또는 정보를 효율적으로 기억하는 데 필요하거나 도움이 되는 여러 종류의 기능, 능력 또는 방법을 의미하며, 공부 기술 또는 학습 기술 등과 같은 용어로 사용되기도 합니다. 학습 전략은 학습자가 갖추어야 할 필수적인 요소로서 효과적인 교육을 위해서는 필수적입니다.

학습 전략은 네 가지 특성이 있습니다. 우선, 기술적 특성으로 학습자가 정보를 획득하고, 조직하고, 기억하고, 사용할 수 있도록 돕는 구체적인 기법으로 훈련과 연습을 필요로 합니다. 멘티는 학습 내용을 잘 이해하고 기억해서 적절할 때(예: 시험) 그 내용을 떠올릴 수 있는 방법을 알아 둘 필요가 있습니다.

둘째, 의도적 특성입니다. 효과적인 학습 전략은 지식과 기술을 적용할 뿐만 아니라 의지를 필요로 하는데, 학습자들의 자기주도적이고, 의도적이고, 의식적인 노력을 필요로 합니다. 멘티 스스로 자신이 왜 공부하는지, 어떻게 학습할 것인지를 결정할 수 있어야 합니다.

셋째, 자기주도적 특성으로, 학습은 자율적이고 자기주도적인 특성을 바탕으로 설정한 목표를 향한 지속적인 노력이 요구됩니다. 이는 멘티들 스스로 결정한 목표를 꾸준히 노력해서 성취할 수 있어야 합니다.

마지막으로 포괄적인 특성입니다. 학습 전략은 학습상황에 달려 있으며, 학습자에 의해 채택되는 융통성 있고 목적적으로 사용되는 다양한 책략들을 포함하고 있습니다. 멘티의 학습 환경에 맞춰 적절하게 학습의 목표와 계획을 세워 자신의 목표를 성취할 필요가 있습니다.

학습 전략의 특성

- 기술적 특성: 정보를 획득하고, 조직하며, 기억하고, 사용할 수 있도록 돕는 기법
- 의도적 특성: 자기주도적이고, 의도적이며, 의식적인 노력이 필요
- 자기주도적 특성: 자율적이고 자기주도적인 특성을 바탕으로 설정한 목표를 향한 지속적인 노력이 요구
- 포괄적인 특성: 학습자에 의해 채택되는 융통성 있고 목적적으로 사용되는 다양한 책략

    학습 전략에 대해서 대부분의 멘티가 그 필요성을 느끼고 중요성을 공감하고 있지만, 실제로 학습 전략을 배울 기회가 적어 잘못된 학습 방법을 반복하는 경우가 많습니다. 그렇다 보니 공부하는 데 어려움을 겪는 멘티들은 노력한 만큼의 결과를 얻지 못하거나 스스로의 능력을 탓하는 경우가 많습니다. 이런 멘티들을 돕기 위해 멘토는 학습 전략을 충분히 이해하고 학업에 어려움을 겪는 멘티들이 주로 어떤 영역에서 어려움을 겪는지 먼저 파악하는 것이 중요합니다. 학습 멘토링은 학교 수업보다 더 가까운 거리에서 멘티 개개인의 평소 학습 방법을 확인할 수 있는 장점을 활용해 멘티의 학습 방법 가운데 우선 장점과 단점을 파악하는 것이 중요합니다. 멘티의 학습과정을 관찰하면서 발견된 단점을 보완하고 효과적인 학습 방법을 지도하고 연습하여 학습에 대한 자신감뿐만 아니라 효율적인 학습이 가능하도록 도울 수 있습니다.

    특히 효과적인 학습 전략을 위한 자기주도 학습 전략을 활용하기 위해서는 계획 세우기, 기억력 높이기, 읽기능력 높이기, 노트 필기, 시험성적 늘리기, 사고력 높이기, 커뮤니케이션 능력 높이기, 건강관리 등의 전략을 점검할 필요가 있고, 이외에 목표 설정, 창의적 문제해결, 비판적 사고, 글 읽기, 글 쓰기, 발표와 토론, 학습 동기, 시험 불안 제거, 시간과 학습 환경 관리 등의 전략을 지도할 필요가 있습니다.

> **효과적인 학습 전략을 위한 자기주도 학습 전략**
>
> 계획 세우기, 기억력 높이기, 읽기능력 높이기, 노트 필기, 시험성적 늘리기, 사고력 높이기, 커뮤니케이션 능력 높이기, 건강관리, 목표 설정, 창의적 문제해결, 비판적 사고, 글 읽기, 글 쓰기, 발표와 토론, 학습 동기, 시험 불안 제거, 시간과 학습 환경 관리

2) 학습 전략 다루기의 실제

(1) 학습 전략 측정해보기

효과적인 학습 멘토링을 위해서는 우선 멘티들이 주로 어떤 학습 방법을 사용하고 있는지 알아보는 것이 중요합니다. 이는 멘티에게 효율적인 학습 방법을 지도하고 학습에 대한 자신감을 가질 수 있도록 돕는 데 중요한 자료로 사용될 수 있습니다. 다음의 검사를 활용하여 멘티의 학습 전략을 측정해 보도록 합니다.

① 학습 기술진단검사

여러분은 최근 1~2개월 동안에 공부를 하면서 다음의 행동을 얼마나 자주 했습니까? 각 문항을 잘 읽고, 자신이 평소에 공부를 하는 방법에 가장 잘 맞는 숫자에 ∨표시를 합니다. 각 문항에 대한 응답은 〈보기〉와 같은 요령으로 씁니다.

보 기

문항: 나는 수업시간에 필요한 학습 준비물을 잘 챙겨 온다.

어쩌다(10번 중 1~2번 정도) 그런 일이 있으면, ① '어쩌다 그렇다', 가끔(10번 중 3~4번 정도) 그런 일이 있으면, ②에 '가끔 그렇다', 보통(10번 중 5~6번 정도) 그런 일이 있으면, ③ '보통 그렇다', 흔히(10번 중 7~8번 정도) 그런 일이 있으면, ④ '흔히 그렇다', 언제나(10번 중 9~10번 정도) 그런 일이 있으면, ⑤ '언제나 그렇다'에 ∨표시를 합니다.

문항	어쩌다 그렇다	가끔 그렇다	보통 그렇다	흔히 그렇다	언제나 그렇다
1 나는 매일 아침 잠깐씩 그날의 일과를 점검한다.	①	②	③	④	⑤
2 나는 공부할 때 성적이 나쁘거나 자신이 없는 과목은 시간을 더 많이 늘려서 계획을 세운다.	①	②	③	④	⑤
3 나는 해야 할 일이나 중요한 것의 순서를 정해 놓고 그 순서에 따라 일을 한다.	①	②	③	④	⑤
4 나는 우리 반 아이들이 내가 어려울 때 도와줄 것이라고 생각한다.	①	②	③	④	⑤
5 나는 열심히 공부하고 있다고 자부심을 갖고 있다.	①	②	③	④	⑤
6 나는 모든 과목에서 내가 할 수 있는 최선의 성적을 얻기 위해 노력한다.	①	②	③	④	⑤
7 나는 공부를 잘하기 위하여 식사, 수면, 운동 등을 규칙적으로 한다.	①	②	③	④	⑤
8 나는 공부를 시작할 때 필요한 학습도구를 미리 잘 준비해 둔다.	①	②	③	④	⑤
9 나는 선생님이나 부모님이 시키기 전에 스스로 공부한다.	①	②	③	④	⑤
10 나는 내 능력에 맞게 스스로 실천할 수 있는 계획표를 세워 놓고 생활한다.	①	②	③	④	⑤
11 발표할 때는 뒷자리까지 들릴 정도로 크고 또렷하게 말한다.	①	②	③	④	⑤
12 나는 토의 시간에 적극적으로 참여하여 말하고 생각을 나눈다.	①	②	③	④	⑤
13 나는 선생님의 설명을 들을 때 중요한 것과 중요하지 않은 것들을 잘 구별한다.	①	②	③	④	⑤
14 나는 수업시간 중에 선생님이 문제를 푸는 시간을 줄 때 열심히 문제를 푼다.	①	②	③	④	⑤
15 나는 선생님이나 친구들이 말할 때 그 사람을 쳐다보고 주의를 집중해서 듣는다.	①	②	③	④	⑤
16 나는 조별로 토의하는 시간에 필요한 내용을 기록해 둔다.	①	②	③	④	⑤
17 나는 선생님께서 질문에 답해 주시는 내용은 간략하게 적어 둔다.	①	②	③	④	⑤

문항	어쩌다 그렇다	가끔 그렇다	보통 그렇다	흔히 그렇다	언제나 그렇다
18　나는 수업 내용이 따분하고 흥미가 없어도 끝까지 주의를 기울여 듣는다.	①	②	③	④	⑤
19　나는 선생님이 시험에 대해 강조해 주시는 내용에 주의를 기울인다.	①	②	③	④	⑤
20　나는 선생님과 수업에 대하여 긍정적인 생각을 가지고 공부한다.	①	②	③	④	⑤
21　나는 종종 친구의 공책을 빌려 본다.	①	②	③	④	⑤
22　나는 선생님께 제출한 과제를 돌려받으면 다시 한번 살펴본 뒤 버리지 않고 잘 모아 둔다.	①	②	③	④	⑤
23　나는 숙제에 대한 선생님의 지시내용이 잘 이해되지 않으면 적극적으로 질문을 한다.	①	②	③	④	⑤
24　나는 숙제를 다 한 후 지시내용에 따라 빠진 것이 없는지 점검한다.	①	②	③	④	⑤
25　나는 어려운 문제가 있으면 답을 보기 전에 스스로 해결하도록 해 본다.	①	②	③	④	⑤
26　나는 학습지를 과목별로 잘 구분하여 정리해 둔다.	①	②	③	④	⑤
27　나는 선생님이 내주신 숙제는 반드시 해 간다.	①	②	③	④	⑤
28　나는 과제가 주어지면 그것과 관련되는 다른 자료도 찾아서 과제를 해결한다.	①	②	③	④	⑤
29　나는 과제에 대한 선생님의 지시내용을 잘 알아볼 수 있도록 수첩 등에 정성껏 기록한다.	①	②	③	④	⑤
30　나는 숙제가 주어지면 어디서 어떻게 그것을 해야 할지를 생각해 본다.	①	②	③	④	⑤
31　나는 책에 나오는 그림이나 표가 무엇을 나타내는지 알아보려고 유심히 살펴본다.	①	②	③	④	⑤
32　나는 책을 읽다가 중요하다고 생각되면 바로 줄을 긋거나 표시를 해 둔다.	①	②	③	④	⑤
33　나는 책을 읽다가 어려운 내용이 나오면 알기 쉬운 말로 바꾸어 본다.	①	②	③	④	⑤

문항	어쩌다 그렇다	가끔 그렇다	보통 그렇다	흔히 그렇다	언제나 그렇다
34 나는 책을 읽을 때 선생님이 질문할 것 같은 문제를 미리 생각해 본다.	①	②	③	④	⑤
35 나는 책을 읽으면서 앞뒤의 내용을 서로 이어 본다.	①	②	③	④	⑤
36 나는 읽은 내용 가운데서 가장 중요한 단어나 용어는 기억해 두려고 노력한다.	①	②	③	④	⑤
37 나는 어떤 주제에 대하여 읽기 전에 그것에 대해 자신이 이미 알고 있는 것이 무엇인지 생각해 본다.	①	②	③	④	⑤
38 나는 다음에 나올 내용을 예상하면서 읽는다.	①	②	③	④	⑤
39 나는 읽은 문단의 내용을 여백이나 다른 공책에 요약해 두어 복습할 때 많은 도움을 받는다.	①	②	③	④	⑤
40 나는 책을 읽을 때, 제목과 소제목을 먼저 주의 깊게 살펴본다.	①	②	③	④	⑤
41 나는 글을 쓰기 전에 처음, 가운데, 끝 부분에 어떤 내용을 넣어야 할지 계획한다.	①	②	③	④	⑤
42 나는 글을 쓰기 전에 떠오르는 생각들을 모두 종이에 적어 둔다.	①	②	③	④	⑤
43 나는 글쓰기 방법을 알려 주는 책을 활용한다.	①	②	③	④	⑤
44 나는 글쓰기 전에 생각을 그림으로 나타내 본다.	①	②	③	④	⑤
45 나는 글쓰기에 앞서 그 주제에 필요한 자료를 많이 찾아본다.	①	②	③	④	⑤
46 나는 글쓰기 과제에 필요한 자료를 간결하고 정확하게 정리해 둔다.	①	②	③	④	⑤
47 나는 글을 다 쓴 후에 틀린 곳이 없는지 꼼꼼히 읽어 본다.	①	②	③	④	⑤
48 나는 글을 쓰기 전에 먼저 곰곰이 생각하여 제목을 선택한다.	①	②	③	④	⑤
49 나는 제출할 쓰기 과제를 깨끗하게 쓰거나 컴퓨터를 이용하여 작성하고 제출한다.	①	②	③	④	⑤
50 나는 나의 주장을 쓸 때 그것을 뒷받침해 주는 구체적인 보기, 예, 설명을 들어 가며 쓴다.	①	②	③	④	⑤
51 나는 시험 날짜가 발표되면 수첩에 적어 둔다.	①	②	③	④	⑤
52 나는 다른 학생들보다 시험공부를 일찍 시작하는 편이다.	①	②	③	④	⑤

문항	어쩌다 그렇다	가끔 그렇다	보통 그렇다	흔히 그렇다	언제나 그렇다
53 나는 실험지를 받았을 때 잘할 수 있을 것이라는 자신감을 가진다.	①	②	③	④	⑤
54 나는 시험 공부하기 전에 먼저 계획을 세운다.	①	②	③	④	⑤
55 나는 시험 칠 내용을 여러 번 충분히 공부한다.	①	②	③	④	⑤
56 나는 중요한 시험일수록 더욱 열심히 준비한다.	①	②	③	④	⑤
57 나는 수업시간에 필기한 것을 다음 공부나 시험에 활용한다.	①	②	③	④	⑤
58 나는 시험이 끝나면 문제의 답을 일일이 알아본다.	①	②	③	④	⑤
59 나는 시험을 칠 때 모르는 것이 있더라도 끝까지 푼다.	①	②	③	④	⑤
60 나는 객관식 시험을 치르다가 모르는 문제가 있을 경우에는 합리적으로 추측하려고 한다.	①	②	③	④	⑤
61 나는 새로운 낱말이나 법칙을 이해하기 위해 그것이 사용되는 경우를 상상해 본다.	①	②	③	④	⑤
62 나는 공부한 내용을 잘 이해하기 위해서 표나 그림으로 나타내 본다.	①	②	③	④	⑤
63 나는 시험지를 받았을 때 잘할 수 있을 것이라는 자신감을 가진다.	①	②	③	④	⑤
64 나는 여러 가지 내용을 공부할 때 공통점과 차이점을 찾아 본다.	①	②	③	④	⑤
65 나는 새로운 것을 공부를 할 때 이미 배운 내용을 생각하면서 공부한다.	①	②	③	④	⑤
66 나는 한번 외운 내용도 잊어버리지 않도록 반복해서 외운다.	①	②	③	④	⑤
67 나는 어떤 내용을 암기하기 전에 먼저 그것을 충분히 이해하려고 한다.	①	②	③	④	⑤
68 나는 공부한 내용을 정리하면서 간단히 요약해 본다.	①	②	③	④	⑤
69 나는 어떤 내용을 공부할 때 나중에 그것을 기억하기 위한 방법을 함께 생각한다.	①	②	③	④	⑤
70 나는 공부한 내용을 내 자신의 경험과 관련시켜 보려고 한다.	①	②	③	④	⑤

* 출처: 변영계, 김석우(2002)

② 나의 학습 기술 프로파일

각 영역의 점수가 높을수록 그 영역의 학습 기술이 뛰어난 것입니다. 각 영역 가운데 가장 높은 점수와 가장 낮은 점수를 확인한 후, 가장 높은 점수는 자신의 학습 강점이고, 가장 낮은 점수는 자신의 학습 약점으로 이해합니다.

〈표 8-7〉 학습 기술진단검사 채점표

영역	학습 기술진단검사 결과						
	자기관리 기술	수업참여 기술	과제해결 기술	읽기 기술	쓰기 기술	시험처리 기술	기억 기술
문항 번호	1~10	11~20	21~30	31~40	41~50	51~60	61~70
채점							
합계							

다음 그림에 멘티들의 검사결과를 표시하여 학습 방법의 강점과 약점을 파악해 봅시다.

학습 기술진단검사

[그림 8-2]

나의 학습 기술 정리해 보기

• 가장 높은 점수의 학습 기술을 세 가지 찾아보세요.

1.

2.

3.

• 가장 낮은 점수의 학습 기술을 세 가지 찾아보세요.

1.

2.

3.

(2) 학습 전략 다루기

① 자기관리 기술(시간 관리)

자기관리 기술은 시간, 학습공간과 자료, 스트레스 등과 같은 내·외적 학습 환경을 관리해 학습에 필요한 도움을 구하는 기술입니다. 특히 학년이 올라갈수록 학습에 요구되는 시간이 길어져 어려움을 겪는 멘티가 많습니다. 학습 시간은 학습에 사용된 전체 시간보다 효과적인 시간 사용이 더욱 중요하며, 이를 위해 학습 멘토링에서는 효율적인 시간 관리의 중요성을 이해하고 시간 관리 방법을 배우는 것이 중요합니다.

시간 관리는 일간, 주간, 월간으로 계획할 수 있습니다. 각 계획표를 무리하게 적용할 경우, 역효과가 나타날 수 있으므로 멘티의 성향과 효과를 충분히 고려하여 활용하면 좋습니다. 예를 들어, 일간 계획표가 효과적인 멘티에게는 일간 시간표를 주로 사용하고 월간 계획표가 적절한 멘티에게는 월간 계획표를 사용하는 것이 좋습니다.

다음 〈표 8-8〉은 멘티에게 매일 해야 할 일을 기록하게 한 후, 그 일의 중요도에 따라 A, B, C… 혹은 1, 2, 3… 순서를 정하도록 합니다. 또한 해야 할 일의 예상 시간을 적어 보게 하여, 일을 마친 후에 실제 들어간 시간과 비교해 무리한 계획은 아니었는지, 실천하는 과정에서 집중도가 떨어지지 않았는지 점검해 보도록 합니다. 해야 할 일 목록에는 학습과 관련된 일뿐만 아니라 하루 동안 해야 하는 일을 모두 기록하게 하여 멘티의 생활 전반을 같이 관리할 수 있도록 돕습니다.

〈표 8-8〉 일간 시간 사용 계획표

순번	해야 할 일	중요도	기대 목표	소요 시간
1	줄넘기 연습	B	500회	30분
2	수학 문제집 풀기	A	10쪽	3시간
3	피아노 연습	A	1시간	30분
4	책 읽기	A	30쪽	20분(미완성)
5	게임하기	C	30분	2시간

다음 〈표 8-9〉은 멘티가 한 주에 해야 할 일을 기록한 후 완성 여부를 기록하도록 합니다.

〈표 8-9〉 주간 시간 사용 계획표

요일	해야 할 일	완성 여부
월	수학 문제집 10~20쪽 풀기	미완성(10~17쪽 품)
화		
수		
목	피아노 연습	완성
금		
토	운동하기	완성
일	독서하기	미완성

다음 〈표 8-10〉는 멘티가 한 달간 시간 사용에 관한 계획을 세운 후 완성 여부를 기록하도록 합니다.

〈표 8-10〉 월간 시간 사용 계획표

	월	화	수	목	금	토	일
	1	2	3	4	5	6	7
해야 할 일 ▶							
완성 여부 ▶							
	8	9	10	11	12	13	14
해야 할 일 ▶							
완성 여부 ▶							
	15	16	17	18	19	20	21
해야 할 일 ▶							
완성 여부 ▶							

22	23	24	25	26	27	28
해야 할 일						
완성 여부						

29	30	31
해야 할 일		
완성 여부		

  이렇게 시간 관리 계획표를 작성해 활용한 후에는 멘토링에서 정기적으로 평가하는 시간을 가지는 것이 좋습니다. 일간, 주간, 월간 단위로 시간 사용 계획을 했다면 그 기간이 끝날 때마다 평가해 보고 좋았던 점과 아쉬웠던 점을 확인해 멘티가 다음 계획에 반영할 수 있도록 돕습니다.

자기관리 기술

• 일간, 주간, 월간으로 계획할 수 있습니다.
• 계획표는 멘티의 성향과 효과를 충분히 고려하여 활용합니다.
• 시간 사용 계획표를 실천한 후에는 정기적으로 평가하는 시간을 가집니다.

---

② 수업참여 기술

  효과적으로 수업에 참여하기 위해서는 수업을 잘 듣는 기술이 필요합니다. 수업을 잘 듣는다는 것은 단순히 교사나 멘토의 설명을 수동적으로 듣는 것만이 아니라, 수업 내용을 이해하고 평가하는 적극적인 사고과정을 의미합니다.
  수업을 잘 듣는 멘티와 그렇지 않은 멘티는 학업에서 큰 차이를 나타낼 수밖에 없습니다. 그러나 많은 멘티가 수업시간에 집중하지 못해 학업을 따라가지 못하게 되면 학원을 가거나 다른 시간을 내어 공부하게 되고, 이는 많은 시간을 공부하지만 좋은 결과를 얻지 못하고, 공부에 대한 자신감이 떨어져 수업에 집중할 수 없게 되는 악순환을 반복하게 합니다. 수업에 집중하기 어려워하는 멘티를 돕기 위해 다음 네 가지 방법을 활용해 지도해 봅시다.

먼저, 수업 전 5분 정도 시간을 내어 지난 시간 수업내용을 확인하고 이번 시간 배울 내용을 훑어보게 하는 것이 중요합니다. 이때 "오늘은 어떤 내용을 배울 것인가?" "이 부분은 어떤 의미인가?" "중요한 내용은 무엇인가?"와 같은 질문을 하면 멘티는 멘토링 시간에 호기심을 가지고 참여할 수 있습니다. 둘째, 오늘 배울 내용의 핵심과 목표를 생각하도록 합니다. 아무 생각 없이 수업을 듣게 되면 다른 생각에 빠지게 되므로 수업의 핵심내용을 머리로 정리한 후 바로 외우거나 중요한 내용은 써 가며 수업을 듣는 것이 집중력과 기억력을 높일 수 있습니다. 셋째, 멘토의 수업방식을 미리 설명해 주면 멘티는 수업 흐름을 먼저 파악할 수 있습니다. 멘토마다 수업방식이 다양하므로 중요한 내용을 강조하는 방법을 미리 설명해 중요한 부분을 놓치지 않도록 도울 필요가 있습니다. 마지막으로, 이해되지 않는 부분은 즉시 확인하고 멘토에게 질문할 수 있도록 사전에 설명해 둘 필요가 있습니다.

이러한 방법으로 멘토링 시간에 멘티가 실제 수업참여 기술을 연습해 보고 자신의 것으로 익숙해질 수 있도록 지도하는 것이 좋습니다. 단순한 학습 방법에 대한 설명보다는 실제 멘토링 장면에서 이 방법을 연습해 보고 실천할 때 느낀 점과 어려운 점 등을 이야기하고 자신에게 맞는 학습 방법을 찾아가는 것이 무엇보다 중요합니다.

수업참여 기술

- 수업 전 5분 정도 시간을 내어 지난 수업내용을 확인하고 이번 시간 배울 내용을 훑어보게 합니다.
- 오늘 배울 내용의 핵심과 목표를 생각하도록 합니다.
- 멘토의 수업방식을 미리 설명해 주면 멘티는 수업 흐름을 먼저 파악할 수 있습니다.
- 이해되지 않는 부분은 즉시 확인하고 멘토에게 질문할 수 있도록 사전에 설명할 필요가 있습니다.

③ 과제해결 기술

보고서 작성 과제에는 멘토링 시간뿐만 아니라 학교 수업, 과목을 불문하고 기본적인 기술이 필요합니다.

첫째, 과제의 목적을 잊지 말아야 합니다. 다음과 같은 질문을 멘티 스스로 할 수 있도록 지도합니다.

질문

- 의도: (멘토) 선생님은 왜 이러한 종류의 과제를 내주신 것일까?
- 목적: 과제를 통해 무엇을 배우기를 원하실까?
- 평가: 과제는 어떻게 평가되어 채점될까?

둘째, 과제의 특징을 제대로 이해할 수 있도록 지도합니다. 예를 들면, 과제가 어떤 주제에 대한 정보의 요약을 위한 것인지, 논리적인 글쓰기인지, 시험답안인지 등에 따라 세부적인 작성법을 달리해야 합니다. 정보의 요약을 위한 경우에는 멘티 자신의 의견보다는 정확한 정보 전달이 목적이기 때문에 정보를 간략하게 요약해서 군더더기 없이 글을 쓰는 것이 필요합니다. 논술문은 멘티 자신의 의견을 설득력 있게 제시해야 하므로 주장을 뒷받침할 정확하고 타당한 근거가 필요합니다. 특히 시사적인 주제일 경우, 멘티의 식견이나 사회적 가치관 등을 파악하는 것이 목적이라고 볼 수 있습니다. 시험답안의 경우에는 주어진 주제에 맞게 제한된 시간에 써야 하기 때문에 분량의 제한이 있습니다. 이 경우 지식의 정확한 정리와 그에 대한 이해를 확인하는 것이 중요합니다.

과제해결 기술

- 과제의 목적을 잊지 말아야 합니다.
- 과제의 특징을 제대로 이해해야 합니다.

---

④ 읽기 기술

한 학기에 멘티가 배우는 과목은 10과목 이상으로 과목당 관련 참고서와 읽기가 많이 주어집니다. 어떻게 하면 제한된 시간에 많은 자료를 읽고 이해할 수 있을까요? 교재 및 관련 자료를 읽는 데도 기술이 필요합니다. 멘토는 멘티가 효율적으로 자료를 읽을 수 있도록 단계별 읽기 전략과 SQ3R 방법의 두 가지 읽기 기술 방법을 활용할 수 있습니다.

다음은 단계별 읽기 전략입니다. 각 단계에서 자신이 활용하고 있는 읽기 기술에 ∨표시를 합니다.

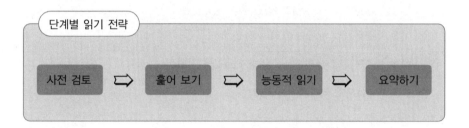

■ **1단계: 사전 검토하기**(5분: 10~20% 이해)

	사전 검토 단계	체크
1	제목과 하위 제목 읽기	
2	서문이나 첫 번째 단락 읽기	
3	굵은 글씨로 된 글 읽기	
4	그림, 표, 그래프, 도표와 그것들에 있는 표제 보기	
5	장(chapter) 말미에 있는 문제, 토의사항 읽기	
6	요약이나 마지막 단락 읽기	
7	중심 아이디어나 하나 혹은 두 개의 부수적인 아이디어 확인하기	
8	지금 읽은 것과 이전에 알고 있던 내용과 관련지어 보기	

■ 2단계: 훑어보기(5~10분: 50% 이해)

	훑어보기 단계	체크
1	첫 번째 단락을 주의 깊게 읽기	
2	모든 단락의 첫 번째 문장 읽기	
3	마지막 단락 읽기	
4	요약 다시 읽기	

■ 3단계: 능동적 읽기(20~30분: ±90% 이해)

	능동적 읽기 단계	체크
1	읽을 부분을 작은 부분으로 나누어 보기	
2	책에 강조할 부분을 표시하고 논평과 질문을 적기	
3	읽으면서 관련된 필기하기	
4	기록한 것을 다른 종이에 옮겨 쓰기	

■ 4단계: 요약하기(90~100% 이해)

	요약하기 단계	체크
1	자신의 말로 읽은 것을 간결하게 요약하기	
2	요약한 것을 수업에서 기록한 것에 덧붙이기	
3	나올 수 있는 시험 문제가 무엇인지 생각해 보기	
4	읽은 것을 이미 배웠던 것이나 알고 있던 것과 연관시키기	
5	교재에 나온 문제나 선생님이 제시한 토론, 토의에 대한 답을 찾아 보기	

다음은 SQ3R 전략입니다. 각 단계에서 자신이 활용하고 있는 읽기 기술에 ∨표시를 합니다.

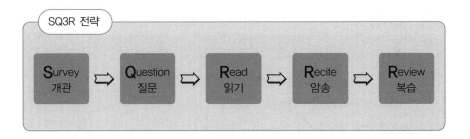

■ 1단계: Survey(개관)

	Survey 단계	체크
1	책을 읽기 전에 장, 절의 제목, 그림, 요약 읽기	
2	읽을 분량을 체크하기	
3	다루기 쉬운 단원 확인하기	
4	제목, 서론, 굵은 글씨체의 표제 읽기	
5	차트, 그래프, 그림 등 시각적인 자료 보기	
6	요약된 단락 읽기	
7	단원의 마지막에 있는 질문, 주제 읽기	

■ 2단계: Question(질문)

	Question 단계	체크
1	개관을 통해서 읽은 내용에 기초하여 해답을 얻고 싶은 질문 작성하기	
2	굵은 글씨체의 표제를 질문으로 바꾸어 보기	
3	단원이나 단락 마지막에 있는 질문 중 관심 있거나 흥미로운 것을 적기	

■ 3단계: Read(읽기)

	Read 단계	체크
1	주요 아이디어, 보조 자료, 그림 등을 자세히 살펴보기	
2	제시된 자료의 특징과 윤곽을 그려 보기	
3	중요한 것을 표시하면서 그것이 의미하는 것을 적기	
4	다음과 같은 질문을 해 보기 　- 주제가 무엇인가? 　- 논지가 어떻게 전개되고 있는가? 　- 단락에서 알아야 하는 내용은 무엇인가?	

■ 4단계: Recite(암송)

	Recite 단계	체크
1	주제를 자신만의 언어로 말해 보거나 적어 보기	
2	작성했던 질문에 답해 보기	
3	정확하게 적었는지 검토하기	
4	빠뜨린 정보가 있는지 찾기	
5	책을 덮고 주제를 다시 말해 보기	

■ 5단계: Review(복습)

	Review 단계	체크
1	자료를 다시 한번 훑어보기	
2	개념지도를 만들어 전체 내용을 그려 보기	
3	주제를 소리 내어 말해 보기	
4	각 소주제들을 조합해 보고 생각해 보기	
5	비교 · 대조하고, 재조직하고, 범주화하기	
6	이미 알고 있는 것을 다른 주제와 관련지어 보기	

⑤ 쓰기 기술

우리가 노트 필기를 하는 이유는 기억력의 한계 때문입니다. 학업 내용을 필기하게 되면 수업내용을 체계화시키고 내용을 기억하는 데 도움이 될 뿐만 아니라 쓰기 동작은 주의집중에도 도움이 됩니다. 효과적인 노트 필기는 수업 내용 중 중요한 내용, 신기한 내용, 교과서에 없는 내용 등을 기록하고 수업 중에 드는 생각과 질문 등을 간략하게 적는 것입니다. 노트 필기의 핵심은 수업시간에 들은 내용을 빠짐없이 모두 적는 것이 아니며, 수업시간에 파악된 핵심적인 생각을 기록하는 것입니다. 노트 여백에는 내용과 관련된 질문, 나의 생각, 핵심어 등을 기록하여 핵심파악 때 활용합니다.

그러나 학습에 어려움을 겪는 멘티들 가운데 노트 필기의 중요성은 알지만, 그 요령을 몰라 단순히 필기에만 집중하는 경우가 많습니다. 이는 주객이 전도된 학습 방법이며, 멘티 스스로 문제점을 찾아내지 못하는 경우가 많습니다. 특히 멘토 혹은 선생님의 농담 하나까지 받아 적어야 마음이 놓이는 멘티라면, 새로운 노트 필기 방법에 불안해할 수 있습니다. 이때 멘토는 멘티에게 이러한 심리적 불안감이 자연스러운 것임을 공감해 주면서, 새로운 학습 방법을 익히는 과정임을 지도할 필요가 있습니다. 특히 멘토 혹은 선생님의 말씀이나 학습 내용을 자세하고 깨끗하게 정리하는 것이 노트 필기의 핵심이 아니라, 핵심내용을 이해하면서 기록하는 것이 중요함을 멘티에게 강조할 필요가 있습니다.

다음 [그림 8-3]의 코넬(Cornell)식 노트 정리법을 바탕으로, 무엇을 필기해야 하는지 알아봅시다. 코넬식 노트 정리법은 노트의 오른쪽 면에 수업내용을 필기한 후 복습할 때 '단서 칸'에 강의 내용에 관한 질문, 핵심 키워드를 적는 방법입니다.

단서 수업내용에 대한 적절한 물음을 적어 놓기	본 내용 정리 수업내용을 기록하기

요약**
위의 두 내용을 살펴보면서 전체 수업내용을 한두 문장으로 요약하기

*수업내용을 기억해 내기 위한 중요한 인출 단서의 역할

**기억하기 쉽게 도와주는 역할

[그림 8-3] 코넬(Cornell)식 노트 정리법

⑥ 시험처리 기술

시험을 잘 치는 것도 요령이 있습니다. 멘티들 가운데 평소에는 공부를 잘하는데 유난히 시험에서 실력을 발휘하지 못하는 학생들이 있습니다. 이런 멘티는 학업 전략의 다른 영역은 우수한데 시험 전략이 부족한 경우로, 다음과 같은 3단계 전략을 활용할 수 있습니다.

우선, 시험 치기 전 준비 단계입니다. 시험 치기 한 달 전이나 적어도 2~3주 전에는 공부할 과목들에 대한 시간계획을 세워 공부를 시작하도록 지도합니다. 시험 1주 전까지 각 과목의 교재와 노트의 기본적인 내용들을 정리하면서 공부하도록 합니다. 시험 공부를 할 때는 처음부터 너무 세세한 내용까지 암기하려고 하지 말고, 우선 중요한 개념을 이해한 후, 세세한 내용을 공부하는 것이 효과적입니다. 또한 기출문제나 예상문제를 풀면서 나의 취약점을 확인하여 부족한 내용은 보완할 필요가 있습니다.

두 번째 단계는 시험 수행 단계입니다. 의외로 많은 멘티가 공부한 내용을 시험 때 발휘하지 못하고 허둥대는 것을 볼 수 있습니다. 시험 치르는 요령을

조금만 알아도 당황하지 않고 자신의 실력을 발휘하게 됩니다. 시험지를 받으면 전체 문제를 1~2분 가량 훑어보면서 어떤 문제들이 나왔는지 파악하는 것이 중요하며, 쉽게 풀 수 있는 문제와 어려운 문제를 표시해 두면 시험 시간 배분에 많은 도움이 됩니다. 문제를 풀 때는 쉬운 문제를 먼저 푸는 것이 현명한 시험 전략입니다.

세 번째 단계는 시험 후 관리 단계입니다. 많은 학생이 시험을 본 후 시험지를 다시 보지 않는 경우가 많습니다. 그러나 시험지는 매우 효과적인 학습 자료가 되며, 실수한 문제나 틀린 문제를 확인하고, 원인을 찾아보고, 정답을 표시해 두는 것이 중요합니다. 또한 틀린 문제가 어느 부분에 해당하는지 교과서에 표시에 두면 자신이 어느 부분에서 취약한지 정확히 파악하는 데 도움이 됩니다.

시험처리 기술

- 시험치기 전 준비 단계: 시험치기 한 달 전이나 적어도 2~3주 전에는 공부할 과목들에 대한 시간계획을 세워 공부하도록 지도합니다.
- 시험 수행 단계: 시험지를 받으면 전체 문제를 1~2분 가량 훑어보면서 어떤 문제들이 나왔는지 파악하는 것이 중요하며, 쉽게 풀 수 있는 문제와 어려운 문제를 표시해 시험 시간을 배분합니다.
- 시험 후 관리 단계: 시험지는 매우 효과적인 학습 자료가 되며 실수한 문제나 틀린 문제를 확인하고, 원인을 찾아보고, 정답을 표시해 두는 것이 중요합니다.

---

⑦ 기억 기술

시험 치기 전에 열심히 외웠던 내용을 시험이 끝나고 며칠만 지나면 까맣게 잊어버리는 경험이 누구나 있었을 듯합니다. 이처럼 인간의 기억력은 한계가 있어 공부한 내용을 암기하고 오랫동안 기억하기 위해서는 요령이 필요합니다. 학습 내용을 기억하는 데 어려움을 겪는 멘티 가운데, 열심히 외우지만 기억을 잘 못하거나 시험과 같은 중요한 순간에 그 내용이 떠오르지 않아 고생

하는 경우가 많습니다. 다음은 학습 내용을 오랫동안 잘 기억할 수 있는 방법으로 멘티에게 유용한 학습 기술이 될 수 있습니다.

첫째, 잘 기억하고 오래 기억하기 위해서는 학습 내용을 자주 반복해야 합니다. 긴 시간 동안 한 번 외우는 것보다 시간을 짧게 나누어 횟수를 늘리는 것이 오래 기억을 할 수 있는 방법입니다. 둘째, 학습 내용을 기억해 내기 쉽게 부호화하는 것이 중요합니다. 우리는 조선시대의 왕을 외울 때 '태정태세 문단세 예성연중 인명선 광인효현 숙경영 정순헌철 고순'과 같이 압축하기를 활용하였고, 이 내용이 평생을 두고 기억에 남는 이유도 효과적인 정보처리 기술을 활용한 것이기 때문입니다. 효과적으로 기억하는 것에 어려움을 겪는 멘티와 함께 부호화, 노래, 그림 등을 활용한 연습은 멘티가 학습에 대한 자신감을 가질 수 있도록 도울 수 있습니다.

기억 기술

- 학습 내용을 자주 반복해야 합니다.
- 학습 내용을 기억해 내기 쉽게 부호화하는 것이 중요합니다.

4. 학습 태도

경민이의 멘티 수빈이는 공부를 왜 해야 하는지 모르겠다고 한다. 수빈이는 학교에서 배우는 수학이 살아가는 데 도움이 안 되기 때문에 배울 필요가 없다고 생각하고 있다. 수빈이는 부모님 때문에 억지로 멘토링에 오지만 책상 앞에 앉기 싫고 공부할 마음도 전혀 없어 보인다. 몇 번씩 좋은 말로 타일러 보기도 하지만 수빈이의 태도에는 변화가 없다. 수빈이 때문에 다른 멘티들도 공부에 방해를 받을까 걱정되기도 하지만, 경민이는 수빈이를 어떻게 도와줘야 할지 몰라 힘이 든다.

1) 학습 태도 이해하기

(1) 학습 태도

학습 태도는 멘티들이 공부할 때 취하는 일관된 행동양식으로 학습이라는 특정 상태에 대하여 개인이 가지는 반응성향을 의미할 뿐만 아니라, 여러 학습활동 장면에서 학습자가 특정한 행동을 선호하여 반복적으로 일어나는 일관된 학습 행동의 반응양식을 말합니다. 여기서 여러 학습활동 장면이란 교실수업과 멘토링 장면뿐만 아니라, 휴식시간 및 자습시간과 같은 학교학습 장면, 그리고 가정학습 장면 등을 망라하는 모든 학습 장면을 의미합니다. 특히 학습 태도는 학업성취를 결정하는 중요한 요인 가운데 하나로 학습에 대한 개인의 긍정적 또는 부정적 경향을 말하는 것으로 학습자의 학습 경험을 통해 형성되는 인지적 · 정의적 · 행동적 반응 경향으로 개인의 학습사와 밀접한 관계를 갖고 있습니다.

또한 학습 태도는 학습과 태도로 나누어 살펴볼 수 있는데, 학습이란 개인이 환경과 상호작용하는 과정에서 일어나는 여러 가지 형태의 비교적 지속적인 변화로 후천적 경험에 의해 획득된 것으로 볼 수 있습니다. 반면, 학교 및 학습에 대한 태도는 어떤 구체적인 교과 혹은 학습과제에 대한 흥미보다 훨씬 일반화된 것입니다.

(2) 학습 습관

학습 습관은 학습 장면에 있어서 멘티가 의식하지 않고 자연스럽게 행하는 학습 방법 또는 학습할 때 취하게 되는 일관된 행동양식을 의미합니다. 멘티가 학습과정에서 주의집중을 잘하는지 살펴보는 주의집중 행동, 학습에 대한 방법 또는 적용이 능률적인지 알아보는 학습집중 행동, 자율학습 또는 예습, 복습에 대한 습관이 능동적인지 수동적인지 알아보는 자율학습 행동 등 세 가지 영역으로 구성되어 있습니다. 특히 학습 습관은 학업성취에 영향을 미치는 중요한 변인의 하나로, 학습부진아는 대체로 바람직하지 못한 학습 습관을 가지고 있거나 학습 기술이 부족한 경우가 많습니다. 학습 습관도 오랫동안의 반복되는 수행으로 내면화되고 습관화된 학습 행동으로서 학습에 의해 습득된 행동이라 할 수 있기 때문에 학습된 행동은 환경과 그 행동에 의해서 나타나는 반응의 비교, 또는 자극의 제공에 의해서 수정이 가능합니다. 즉, 학습 습관은 효과적인 학습 기술의 습득과 깊은 연관이 있고 학습 기술 훈련이 학습 습관에 긍정적인 영향을 준다고 할 수 있습니다. 또한 멘티의 올바른 학습 습관을 바르게 형성하는 데 매우 중요한 역할을 하는 것이 학습 기술이기 때문에 앞 장에서 언급한 효과적인 학습 전략을 같이 적용할 것을 적극 권합니다.

2) 학습 태도 다루기의 실제

(1) 학습 태도 측정하기

멘티들의 학습 태도는 멘토링 시간을 통해서도 확인할 수 있지만, 사전검사를 통해 멘토링을 준비할 경우 많은 도움이 됩니다. 다음의 검사를 통해 멘티들의 학습 태도를 파악해 봅시다.

문항	어쩌다 그렇다	가끔 그렇다	보통 그렇다	흔히 그렇다	언제나 그렇다
1 나는 수업시간에 선생님 설명을 열심히 듣는다.	①	②	③	④	⑤
2 나는 공부할 때 정신집중이 잘 되지 않는다.	①	②	③	④	⑤
3 나는 공부를 시작하면 끝날 때까지 열심히 한다.	①	②	③	④	⑤
4 나는 수업시간에 선생님의 설명 중 중요한 것을 놓치지 않고 듣는다.	①	②	③	④	⑤
5 나는 수업시간에 장난을 한다.	①	②	③	④	⑤
6 나는 수업시간에 딴생각을 잘 한다.	①	②	③	④	⑤
7 나는 수업시간이 지루해서 선생님의 설명을 잘 듣지 않는다	①	②	③	④	⑤
8 나는 선생님이 내어 주신 과제를 잘 해 온다.	①	②	③	④	⑤
9 나는 수업시간에 도무지 집중할 수가 없다.	①	②	③	④	⑤
10 나는 공부가 어려워서 집중할 수가 없다.	①	②	③	④	⑤
11 나는 새로운 낱말이 나왔을 때 사전을 찾아본다.	①	②	③	④	⑤
12 나는 책을 읽을 때 책의 내용을 머릿속에 정리해 가면서 읽는다.	①	②	③	④	⑤
13 나는 시험 공부를 할 때 중요하다고 생각되는 내용을 빠짐없이 한다.	①	②	③	④	⑤
14 나는 책을 이해해 가면서 읽는다.	①	②	③	④	⑤
15 나는 공부할 때 생각을 정리하고 요약한다.	①	②	③	④	⑤

문항		어쩌다 그렇다	가끔 그렇다	보통 그렇다	흔히 그렇다	언제나 그렇다
16	나는 공부할 때 공부하고 놀 때는 열심히 논다.	①	②	③	④	⑤
17	나는 공부나 숙제를 할 때 중요한 것을 정확히 하려고 한다.	①	②	③	④	⑤
18	나는 수업시간에 배운 것을 그때그때 확실히 알고 넘어간다.	①	②	③	④	⑤
19	나는 수업이 끝난 후 그 시간에 배운 중요한 것을 머릿속에 정리한다.	①	②	③	④	⑤
20	나는 선생님이 내가 해 온 숙제 중 틀린 것을 표시해도 다시 들여다보지 않는다.	①	②	③	④	⑤
21	나는 수업시간에 발표를 잘 한다.	①	②	③	④	⑤
22	나는 혼자서 공부하는 것이 재미있다.	①	②	③	④	⑤
23	나는 예습과 복습은 내 힘으로 한다.	①	②	③	④	⑤
24	나는 여러 가지 책이나 자료를 많이 읽는다.	①	②	③	④	⑤
25	나는 모르는 것이 있으면 책이나 인터넷에서 알아본다.	①	②	③	④	⑤
26	나는 누가 도와주지 않더라도 책이나 자료를 많이 읽는다.	①	②	③	④	⑤
27	나는 학교에서 배운 것은 집에서 반드시 복습한다.	①	②	③	④	⑤
28	나는 숙제를 잘 하지 않는다.	①	②	③	④	⑤
29	나는 부모님께서 공부하라고 할 때에만 공부한다.	①	②	③	④	⑤
30	나는 자습시간이 지루하다.	①	②	③	④	⑤

*출처: 박경숙, 이혜숙(1976)

학습 태도 검사는 주의집중 행동, 학습 기술적용 행동, 자율학습 행동을 측정한 것으로 각 영역은 긍정형과 부정형으로 나눠집니다. 각 영역의 긍정형은 점수가 높을수록 학습 태도가 좋은 것을 뜻하며, 부정형은 점수가 높을수록 학습 태도가 좋지 않은 것으로 해석합니다.

〈표 8-11〉 학습 태도 채점표

영역	주의집중 행동		학습 기술적용 행동		자율학습 행동	
	긍정형	부정형	긍정형	부정형	긍정형	부정형
문항번호	1~4	5~10	11~19	20	21~27	28~30
채점						
합계						

(2) 학습 태도 다루기

① 학습에 대한 반감 다루기

학습 멘토링에서 멘티들이 학습에 대해 반감이 있는 것처럼 당황스러운 일은 없습니다. 멘토도 학창시절 비슷한 경험이 있어 이해는 하지만, 멘토의 입장에서는 공부하기 싫어하는 멘티와 마냥 놀 수도 없는 입장이라 곤란한 경우가 많습니다. 이런 경우, 멘토는 우선 멘티의 입장에서 이해해 주려는 노력이 필요합니다. 시기적으로는 시험이나 연휴 직후에 학습 동기가 낮아 공부에 대한 반감이 생기는 경우가 많습니다. 이런 경우, 무작정 공부를 강조하기보다는 다양하고 유익한 활동을 준비하여 학습에 흥미를 가질 수 있도록 도울 필요가 있습니다.

그룹 멘토링의 경우, 공부하기 싫어하는 1~2명의 멘티가 다른 멘티들에게 영향을 주는 경우가 있습니다. 이런 경우, 자신이 왜 공부해야 하는지에 대해 다시 한번 점검해 보는 시간을 가질 필요가 있습니다. 상담이나 대화를 통해 파악할 수도 있지만, 학습에 대한 반감 관련 워크시트를 활용할 수도 있습니다. 멘티들 가운데는 공부 자체가 싫은 것은 아니지만, 잘 하지 못해서 학습에 반감이 생기는 경우도 있습니다. 이런 경우, 멘티 수준에 맞는 학습과제를 제시하고 수행 후 칭찬을 해 주어 학습 동기를 높일 필요가 있습니다. 이외에도 부모님이나 주변의 압박으로 인해 동기가 저하되는 등 다양한 이유가 있을 수 있기 때문에 멘티와 상담하는 시간을 가져보기 바랍니다.

멘티의 학습 목적을 알아보기 위해 다음 활동지를 활용해 봅시다.

어렵고 힘든 공부를 해야 하는 이유는 무엇입니까? 다음의 내용을 읽고 자신에게 해당되는 것에 ∨표시를 해 봅시다. 그리고 여러분 각자가 중요하다고 생각되는 순서대로 순위를 매겨 봅시다.

이유	해당 여부	순위
부모님이 원하시니까		
해야만 하는 거니까		
나중에 잘살기 위해		
사회적으로 인정받기 위해		
경쟁에서 뒤지지 않기 위해		
남들도 다 하니까		
공부를 못하면 남들이 무시하니까		
돈을 많이 벌기 위해		
훌륭한 사람이 되기 위해		
내 꿈을 이루는 데 필요하니까		
내가 원하는 것(구체화된)을 이루는 데 필요한 과정이니까		
새로운 것을 배워 가는 것 자체가 즐거우니까		
사는 데 도움이 되니까		
기타 ( )		

* 출처: 최정원, 이용호(2006)

② 잘못된 학습 습관 다루기

멘토링을 진행하다 보면, 잘못된 학습 습관을 가지고 있는 멘티를 만나게 됩니다. 이런 경우, 그 멘티만 공부를 못하는 것이 아니라 다른 멘티에게도 영향을 주어 멘토링 전체 분위기를 해치기 쉽습니다. 이러한 현상은 인터넷, 게임,

스마트폰으로 인해 오랜 시간 공부에 집중하기 어렵게 된 영향도 큽니다. 그러니 멘토링에서 한 번에 멘티의 학습 습관을 완전히 바꾸기보다는 장기적인 시각에서 좋은 학습 습관을 가질 수 있도록 도울 필요가 있습니다. 하루아침에 학습 습관을 바꾸는 것은 멘티의 반감을 일으킬 수 있을 뿐만 아니라, 굉장히 어려운 일입니다. 그때그때 멘티의 행동을 칭찬하여 행동을 강화시켜 그 행동들이 습관으로 몸에 밸 수 있도록 돕는 것이 중요합니다.

멘티의 눈높이에 맞추어 학습 동기와 의욕을 조금씩 높이는 것이 중요합니다. 이러한 과정에서 작은 목표를 설정하고 이를 성취하였을 때 칭찬과 격려로 그 행동을 강화시키는 것이 중요합니다. 예를 들면, '매일 인터넷 사용하지 않고 10분 책상에 앉아 있기' '매일 수학(산수) 세 문제 풀기' 등과 같은 목표를 세우고 단계적으로 학습 시간과 학습량을 늘려 갈 수 있습니다. 이러한 학습 습관은 평소 멘티가 혼자 공부할 때 적용하면 좋지만, 혼자서는 쉽지 않을 것입니다. 이런 경우, 멘토에게 문자메시지나 이메일을 통해 목표 내용과 실행 정도를 보내도록 하면 스스로 자기조절 능력도 키울 수 있는 좋은 방법이 될 것입니다.

③ 멘티 간 학습 의욕 차이 다루기

다양한 멘티들만큼이나 멘티 간 공부하고 싶어 하는 정도의 차이가 있기 마련입니다. 놀고 싶어 하는 멘티가 있는가 하면, 선행학습과 같이 더 많이, 미리배우고 싶어 하는 멘티가 있기 때문에 멘토는 어느 기준에 맞춰 멘토링을 운영해야 할지 고민스러울 때가 있습니다. 학습 멘토링은 기본 취지가 학습에 초점이 맞춰져 있기는 하지만, 무작정 공부하기 위해 멘티를 설득하다 보면 역효과를 가져올 수 있습니다. 학습 의욕이 낮은 멘티에게 앞서 학습 동기(p. 80)에서 언급된 활동지를 활용해 멘티가 학습 멘토링에서 원하는 것이 무엇인지 다시 한번 점검해 볼 필요가 있습니다. 또한 학업 외에 다른 활동을 원할 경우 학습 멘토링의 취지를 다시 한번 설명하고 학습에 직접적인 활동은 아니지만 학습에 도움될 만한 문화 활동(예: 박물관, 과학관, 직업체험관 방문)이

나의 목표 — 학습 습관 키우기

• 목표는 최대한 SMART[22]하게 세웁니다.

   1.

   2.

20○○. ○○. ○○

멘티: 이○○ (인)

멘토: 김○○ (인)

[그림 8-4] 학습 습관 개선을 위한 약속 예시

가능한지 살펴볼 필요가 있습니다. 특히 무작정 공부하기 싫다는 멘티에게 이 끌려 가기보다는 오늘 멘토링에서 해야 할 분량을 조금 줄여 멘토링을 진행한 후, 남은 시간에는 교육과 관련된 동영상을 같이 보는 것도 좋은 방법입니다.

  어떻게 보면 멘티 간의 학습 의욕이 다른 것은 당연한 현상일 수 있습니다. 멘토는 이러한 멘티 간 차이를 잘 이해하고 적절한 학습 의욕 수준으로 협의해 가는 과정이 필요하다는 것을 기억해 둘 필요가 있습니다. 이러한 과정에서 멘티 간 이해도 높이고 서로 도울 수 있는 계기가 될 수 있기 때문에 멘티 간 학습 의욕 차이를 운영의 어려움으로만 생각하지 말고 효율적인 기회로 만들 수 있도록 노력하는 것이 중요합니다.

---

22) 이 책의 pp. 51~52 참고

④ 산만하고 낮은 집중력 다루기

멘토링을 운영하다 보면 유난히 주의가 산만하거나 심하게 떠드는 멘티를 만날 수 있습니다. 멘토가 이런 특정 멘티에게 매번 주의를 주거나 조용히 시키다 보면 멘토링 분위기를 해칠 뿐만 아니라, 다른 멘티들도 주의집중을 잃게 될 수 있습니다. 이럴 때는 다음의 '멘토링 규칙'을 다시 상기해 볼 필요가 있습니다.

멘토링 규칙은 초기에도 중요하지만, 멘토링 중간중간에 멘티들에게 상기시켜 줄 필요가 있습니다. 멘토링 규칙은 멘토링의 특징, 운영기관, 진행장소 등 다양하게 고려되어야 하지만, 학습 멘토링의 경우, 기본적으로 다음과 같은 내용이 포함되면 효율적인 운영이 가능합니다. 우선, 멘토링에 임하는 자세, 멘토링 시간에 해야 하는 행동과 하지 말아야 하는 행동 등이 포함되어야 합니다. 구체적으로는 휴대 전화 사용에 관한 규칙, 타인에게 피해를 주지 않도록 하는 행동, 과제수행에 관한 규칙 등이 포함되어야 하며, 이를 어겼을 경우에 대해서도 멘티의 동의를 얻어 벌칙을 만들어 놓는 것이 중요합니다. 멘티들의 의견을 모아 멘토가 최종적으로 판단하여 적절한 규칙을 선택하도록 합니다. 다음 [그림 8-5]를 활용하여 각자의 멘토링 상황에 맞게 활용해 봅시다.

특히 주의가 산만한 멘티는 오랜 시간 공부하기 어려워합니다. 이런 경우, 무작정 기본 학습 시간(예: 50분)을 고집하지 말고 처음에는 수업시간을 짧게 정하고(예: 수업시간 25분, 쉬는 시간 5분) 일정한 기간을 진행하다가 수업시간을 조금씩 늘려 주는 것이 좋습니다. 이때 짧은 시간이지만 잘 따라 활동할 경우, 충분한 칭찬과 상을 주는 것도 좋습니다.

다양한 방법을 활용하였지만, 지속적으로 멘토링 분위기를 해치는 멘티가 있을 경우, 학교 담당 선생님께 의논 드려 볼 것을 권합니다. 학교 담당 선생님들은 주의 산만한 멘티를 평소 꾸준히 관찰하여 멘티의 특성을 잘 파악하고 계실 가능성이 높고 다양한 노하우를 가지고 있을 가능성이 많습니다. 그러니 멘토 혼자서 고민하는 것보다 선생님에게 적극적으로 도움을 청해 보기를 권합니다.

우리의 약속

멘토링 활동을 위해 다음의 내용을 지켜서 친구를 배려하고 스스로 발전하도록 합니다.

1. 멘토링 활동 중에는 바른 자세로 앉습니다.

2. 친구의 발표나 의견을 존중하고 귀 기울여 듣습니다.

3. 멘토링 활동 중에는 교실을 뛰어다니거나 위험한 행동을 하지 않습니다.

4. 멘토링은 학습뿐 아니라 그룹의 구성도 중요합니다. 서로에 대한 배려와 관심을
   가집니다.

5. 멘토링을 통해 자신이 도달하고 싶은 목표를 확실히 계획하고 실천합니다.

6. 멘토링 활동 중에 전화 통화나 문자 전송은 하지 않으며, 급한 일이 있을 경우
   멘토 선생님에게 미리 이야기합니다.

7. 멘토링 활동에 참여하여 노력하는 자신의 모습을 칭찬합니다.

위의 내용을 지키기로 약속합니다.

이름: _____ (인)

---

* 출처: 김수임 외(2012)

[그림 8-5] 멘토링 규칙 문서의 예시

5. 학업 스트레스

> **사례**
>
>   중간고사를 앞둔 어느 날, 멘티 은미는 평소 멘토링 활동 시간과 달리 무척 불편한 얼굴로 앉아 초조해하고 있었다. 평소 매우 성실한 태도로 집중하던 모습과 너무 달라서 멘토 성진이가 무슨 일인지 묻자, 다른 멘티들이 "시험이 다가와서 그래요. 쟤는 원래 그래요."라고 말했다. 걱정이 되어 조금 더 자세히 이야기를 나눠 보았더니, 은미는 시험이 다가오면 잠도 잘 이루지 못하고, 식은땀이 나거나 가슴이 뛰는 증상을 보일 정도로 불안해하고 있었으며, 이로 인해 평소 실력을 제대로 발휘하지 못한다고 하였다. 그리고 이런 자신의 모습에 대해 또다시 스트레스를 받는 악순환이 이어지고 있었다.
>   성진이는 학업 스트레스로 괴로워하는 은미를 어떻게 도와줘야 할지 고민이 되었다.

1) 학업 스트레스 이해하기

(1) 학업 스트레스

학업 스트레스란 학교 공부나 성적으로 인한 정신적 부담과 긴장, 근심, 공포, 우울, 초조감 등과 같이 편하지 못한 심리상태를 의미합니다.[23] 우리나라 청소년 대부분이 겪는 대표적 어려움 중 하나로, 최근 연구에 따르면, 우리나라

---

23) 오미향, 천성문(1994)

청소년의 74.1%가 학업 스트레스를 받고 있는 것으로 나타났습니다.[24]

이처럼 많은 청소년이 경험하는 학업 스트레스는 그 자체로도 정서적 불편감을 야기하지만, 이로 인해 2차적 피해가 나타날 수 있다는 점에서 그 심각성이 더욱 큽니다. 즉, 학업 스트레스가 단순히 정서적 불편감을 유발하는 상태를 넘어 학생의 학업성취 수준에 부정적인 영향을 미치고, 이러한 일련의 부정적 경험이 불안과 학습 무기력, 우울 및 학교 부적응 등의 어려움으로 귀결될 수 있다는 것입니다. 실제로 학업 스트레스는 학업 성적은 물론, 학업적 자기효능감과 학습 동기에 부정적 영향을 미치며, 시험 불안과 학습무력감, 학교 부적응 등과 관련될 뿐 아니라, 자살충동과 같은 치명적인 문제를 초래할 수도 있는 것으로 보고된 바 있습니다.[25]

그런데 학업 스트레스는 학업에 부정적 영향을 미치기만 하는 것은 아니며, 오히려 적정 수준일 때에는 학습 동기를 높이는 긍정적 역할을 하기도 합니다.[26] 또한 학업 스트레스는 그 자체보다는 이를 받아들이는 개인의 대처방식에 따라 그 영향력이 달라질 수도 있습니다.[27] 따라서 학습 멘토링을 실시할 때에는 멘티들이 겪을 수 있는 학업 스트레스에 대해 올바르게 이해하고 이를 적절히 다룰 수 있도록 꾸준히 관심을 가지고 조력하고자 노력해야 할 것입니다.

(2) 시험 불안

시험 불안은 대표적인 학업 스트레스 증상 중 하나인데, 시험이라는 특수한 상황에서 생기는 상태불안을 의미합니다.

예를 들어, 시험 장면에서 잘 알고 있는 내용도 기억이 나지 않고, 식은땀이

---

24) 김재엽, 이동은, 정윤경(2013)
25) 김은정, 양연숙(2011); 문경숙(2006); 박성희, 김희화(2008);
26) 이주현, 이순묵(2002)
27) 양연숙(2012)

나거나 심장 박동 소리가 온몸에서 들리는 듯한 상태가 전형적인 시험 불안 증상입니다. 시험 불안으로 인해 시험 날짜가 다가올수록 공부에 집중을 하지 못하며, 물건을 잃어버리거나 해야 할 일을 기억하지 못하기도 합니다. 이러한 불안은 '시험을 망칠 것이다.'라는 두려움을 가중시키게 되어 좋은 성적을 얻지 못하게 되는 결과로 이어집니다.

이와 같은 시험 불안은 시험이라는 상황을 위협적인 것으로 평가하는 데에서 비롯됩니다. 즉, 시험 상황을 비위협적으로 평가하면 시험에 잘 적응하여 적절한 수행을 할 수 있음에도 이를 위협적인 상황으로 판단하게 되면서 오히려 정상적인 수행을 방해하게 되는 것입니다. 스트레스 요인이 발생하는 것은 피할 수 없는 경우가 대부분이므로, 멘토링을 진행할 때에는 멘티들이 스트레스를 보다 건강하게 이겨 낼 수 있는 방안을 고민하도록 하는 것이 더욱 바람직합니다.

2) 학업 스트레스 다루기의 실제

(1) 학업 스트레스 측정하기

학업 스트레스에 대해 충분히 이해했다면, 이번엔 멘티들의 스트레스 정도를 알아보도록 합니다. 멘티의 스트레스 정도를 미리 측정하여 기준선으로 삼아 보는 것도 좋은 방법이 될 수 있습니다. 다음에 제시된 척도를 활용하여 학업 스트레스 수준을 측정해 보도록 합니다.

■ 학업 스트레스 검사

문항	전혀 그렇지 않다	그렇지 않은 편이다	보통 이다	그런 편이다	매우 그렇다
1 시험에 대한 압박감이 있을 때 스트레스를 받는다.	①	②	③	④	⑤
2 시험 결과에 대해 걱정이 될 때 스트레스를 받는다.	①	②	③	④	⑤
3 성적이 떨어졌을 때 스트레스를 받는다.	①	②	③	④	⑤
4 성적 때문에 꾸중이나 비난을 받을 때 스트레스를 받는다.	①	②	③	④	⑤
5 숙제가 많을 때 스트레스를 받는다.	①	②	③	④	⑤
6 혼자 하기 어려운 숙제를 내주실 때 스트레스를 받는다.	①	②	③	④	⑤
7 숙제하라고 잔소리하실 때 스트레스를 받는다.	①	②	③	④	⑤
8 놀고 싶은데 숙제 때문에 놀지 못했을 때 스트레스를 받는다.	①	②	③	④	⑤
9 공부를 해도 이해가 되지 않을 때 스트레스를 받는다.	①	②	③	④	⑤
10 수업시간에 집중이 되지 않을 때 스트레스를 받는다.	①	②	③	④	⑤
11 선생님의 말씀이 이해가 되지 않을 때 스트레스를 받는다.	①	②	③	④	⑤
12 학원에서 오랜 시간 동안 공부할 때 스트레스를 받는다.	①	②	③	④	⑤
13 학원에서 늦게 끝날 때 스트레스를 받는다.	①	②	③	④	⑤
14 학원에서 보충할 때 스트레스를 받는다.	①	②	③	④	⑤
15 학원에서 숙제를 많이 내주실 때 스트레스를 받는다.	①	②	③	④	⑤

* 출처: 조붕환(2006)

앞의 설문지에 모두 응답하였으면 다음 〈표 8-12〉을 참조하여 멘토링 관계를 점검하도록 합니다. '전혀 그렇지 않다' 1점, '매우 그렇다' 5점으로 하여 본인이 ∨표시한 점수를 하위 요인별로 합산하면 됩니다. 본 설문에서 멘토링 관계의 하위 요인은 크게 시험·성적 스트레스, 과제 스트레스, 학습 내용 스트레스, 학원 스트레스의 네 가지로 구분됩니다. 점수가 높을수록 각 영역에서 스트레스 수준이 높다고 판단할 수 있습니다.

〈표 8-12〉 학업 스트레스 채점표

하위 요인	문항 번호	합계
시험 · 성적 스트레스	1~4	
과제 스트레스	5~8	
학습내용 스트레스	9~11	
학원 스트레스	12~15	
총점		

■ 시험 불안 측정하기

각 문항을 잘 읽고, 평소 자신의 생각이나 느낌과 가장 잘 맞는 숫자에 ∨표시를 합니다.

	문항	전혀 그렇지 않다	그렇지 않은 편이다	보통이다	그런 편이다	매우 그렇다
1	시험지를 받고 문제를 한번 훑어볼 때 나도 모르게 걱정이 앞선다.	①	②	③	④	⑤
2	시험 공부가 잘 안 될 때 짜증만 난다.	①	②	③	④	⑤
3	시험 문제의 답이 알쏭달쏭하고 생각나지 않을 때 시험 준비를 더 열심히 하지 않은 것을 후회한다.	①	②	③	④	⑤
4	부모님이 시험이나 성적에 관해 물어보실 때 겁을 먹고 어찌 할 바를 모른다.	①	②	③	④	⑤
5	친구들과 답을 맞춰 보면서 시험에 대해 얘기를 나눌 때 나보다 친구들이 더 좋은 점수를 받았다는 생각에 시달린다.	①	②	③	④	⑤
6	시험 치기 직전 책이나 참고서를 봐도 머리에 잘 들어오지 않는다.	①	②	③	④	⑤

문항		전혀 그렇지 않다	그렇지 않은 편이다	보통 이다	그런 편이다	매우 그렇다
7	시험지를 받을 때 가슴이 두근거릴 정도로 긴장한다.	①	②	③	④	⑤
8	답안지를 제출할 때 혹시 표기를 잘못하지 않았는지 신경이 쓰인다.	①	②	③	④	⑤
9	시험 치기 전날 신경이 날카로워져 소화가 잘 안 된다.	①	②	③	④	⑤
10	답안지에 답을 적는 순간에도 손발이 떨린다.	①	②	③	④	⑤
11	시험 문제를 푸는 중에도 잘못 답하지 않았는지 걱정하며 애를 태운다.	①	②	③	④	⑤
12	시험을 치다가 시간이 부족하다는 것을 느꼈을 때 허둥대고 당황한다.	①	②	③	④	⑤
13	시험이 끝나고 집으로 돌아갈 때 힘이 빠진다.	①	②	③	④	⑤
14	시험 문제가 어렵고 잘 풀리지 않을 때 가슴이 답답하고 입이 마른다.	①	②	③	④	⑤
15	시험 날짜와 시간표가 발표될 때 시험 걱정 때문에 마음의 여유가 없어진다.	①	②	③	④	⑤
16	시험 공부를 다 하지 못하고 잠이 들었다 깼을 때 눈앞이 캄캄하고 막막하다.	①	②	③	④	⑤
17	틀린 답을 썼거나 표기를 잘못했을 때 가슴이 몹시 조마조마해진다.	①	②	③	④	⑤
18	선생님이 시험 점수를 불러 주실 때 불안하고 초조하다.	①	②	③	④	⑤
19	자신이 없거나 많이 공부하지 못한 과목의 시험을 칠 때 좌절감을 느낀다.	①	②	③	④	⑤
20	부모님께 성적표를 보여 드리기가 두렵다.	①	②	③	④	⑤
총점						

* 출처: 황경렬(1997)

질문에 대한 답변 점수를 모두 더한 것이 시험 불안 수준이 됩니다.

〈표 8–13〉 시험 불안 수준

총점	내용
35점 이하	시험에 대해 별다른 불안을 느끼지 않는 상태로, 오히려 긴장이 풀어져 능률이 오르지 않는 것을 주의할 필요가 있습니다.
35~60점	보통 수준의 시험 불안을 느끼고 있으며, 벼락치기나 자신 없는 과목의 경우 무너질 수 있으므로 성실히 계획하고 준비하는 것이 스트레스와 불안을 줄이는 최선의 방법이 될 수 있습니다.
61~80점	긴장과 불안 때문에 학습의 효율성이 떨어진 상태이므로 주변 사람들의 도움과 적극적인 노력을 통해 시험 스트레스를 줄이는 방법들을 익힐 필요가 있습니다.
81점 이상	일상생활에서도 스트레스와 불안 정도가 높고 시험이란 말만 들어도 끔찍한 상태라 볼 수 있습니다. 이 경우 상담기관이나 신경정신과 등 전문가의 도움을 받아 보는 것이 도움이 될 수 있습니다.

(2) 학업 스트레스 다루기

① 마음 알아주기

학령기에 있는 멘티들이 학업으로 인해 가장 많은 스트레스를 받는 것은 매우 자연스러운 현상이며, 이를 바꿔 생각해 보면 '잘하고 싶다'는 성취 동기가 있다는 것을 의미하므로 긍정적으로 볼 수 있습니다. 다만, 학업 스트레스로 인한 심리적인 불편감이 지나쳐 자신의 실력을 제대로 발휘하지 못한다면 그 불편감의 원인이 무엇인지 찾고 이에 효과적으로 대처해야 합니다.

먼저, 멘티의 지나친 스트레스 수준을 유발하는 요인이 내적인 것인지 외적인 것인지 알아보아야 합니다. 내적 요인으로는 학업수행 능력, 학업에 대한 자신감 부족, 비효과적 학습 방법, 불안에 대한 높은 감수성 등을 들 수 있으며, 외적 요인으로는 부모 등 중요한 타인의 기대, 경쟁적 분위기, 성적을 우선시하는 학교 분위기와 압박감 등을 생각할 수 있습니다. 문제의 원인을 정확히 파악하는 것만으로도 어려움의 해결에 도움이 될 수 있으므로 막연한 불안감으로 괴로워하기보다는 그 원인이 무엇인지 이야기를 나눠 보는 것은 매우 의미 있는 활동이 될 수 있습니다.

한편, 멘토링은 전문적 상담이 아니므로 멘티의 어려움을 모두 해결해 주는 것을 목표로 하는 것은 불가능합니다. 무리한 욕심을 부리기보다는 '조금이라도 도움을 준다.'는 현실적 목표를 세우고 편안하게 다가가는 것이 더 좋은 효과를 거둘 수 있습니다.

즉, 멘토링에서는 멘티의 학업 스트레스를 철저히 분석하고 해결해 주는 것이 아니라, 멘티 스스로 자신의 학업 스트레스 수준을 점검해 보고, 그 수준이 지나치다면 그 원인이 무엇인지에 대해 살펴볼 수 있도록 함께해 주는 것을 목표로 해야 할 것입니다.

이를 위해서 먼저 멘티의 어려움을 충분히 들어 주는 것이 좋습니다. 섣부른 해결책을 제시하거나 무조건 안심시키려고 하는 것보다는 먼저 충분히 들어 주고 괴로워하는 멘티의 마음을 공감하며 '정말 많이 답답하겠구나.' '시험을 볼 때마다 마음이 얼마나 괴로웠겠니.' 등의 진심 어린 위로를 해 주는 것이 더 도움이 될 수 있다는 것을 기억해야 합니다. 때로는 멘토의 학업 스트레스 경험에 대해 이야기해 줌으로써 학업 스트레스가 나 혼자만 겪는 일이 아니라 누구나 느끼는 것임을 알고 심리적 안정감을 얻을 수 있습니다.

② 생각 바꾸기

스트레스를 유발하는 많은 상황을 없애거나 피할 수 없는 경우가 매우 많으므로, 이를 받아들이는 방식에 초점을 맞출 필요가 있습니다. 같은 스트레스 상황에 처해도 사람들이 받는 스트레스 수준은 각기 다르며, 이에 대한 대처방식 또한 다르기 때문입니다. 즉, 보다 건강한 방식으로 스트레스를 받아들이고, 대처하는 것을 연습하는 것이 무엇보다 중요합니다.

이를 위해 먼저 멘티에게 학업 스트레스에 대한 정확한 정보를 알려 주고, 이를 대하는 생각을 바꿀 수 있도록 합니다. 학업 스트레스는 일정 수준만 넘지 않으면 오히려 학업성취 수준의 유지 및 개선에 도움이 될 수 있습니다. 스트레스로 인한 교감신경 자극이 우리 뇌의 활성화에 도움이 되기 때문입니다. 지나치게 스트레스 수준이 낮은 경우 교감신경이 자극되지 않아 공부나 시험에 대한 긴장감을 갖기는커녕 집중력이 떨어져 오히려 좋은 결과를 얻지 못할 수 있습니다. 뿐만 아니라 학습을 바라보는 멘티의 생각을 점검해 보아야 합니다. 청소년들은 시험 결과가 자신의 인격적 수준을 나타낸다고 무의식적으로 생각할 수 있습니다. 즉, 자신이 공부를 잘 하면 멋지고 훌륭한 사람이고 그렇지 못하면 보잘것없다는 자기 개념을 가질 수 있는 것입니다.

또한 부모님을 기쁘게 하거나 주변인들에게 인정받기 위해 성적에 집착할 수도 있습니다. '내가 좋은 점수를 얻지 못하면 부모님도 실망하시고, 내 주변 사람들도 나를 한심하게 볼 거야.'라는 생각을 갖고 있으면 당연히 편안한 마음으로 학업을 수행하기 어려울 수밖에 없습니다. 자신이 치르는 시험 결과에 따라 자신의 인격적 수준과 자신에 대한 타인들의 평가가 실제로 달라진다고 생각하면 이러한 상황이 더욱 두렵고 부담스러워질 수밖에 없습니다.

멘티 자신이 옳다고 믿고 있는 것을 바꾸는 것은 무척 힘든 일이지만, 이러한 고정관념이 스트레스를 유발하는 요인이라는 것을 알았다면 이를 보다 생산적이고 유익한 형태로 바꿀 수 있도록 돕기 위해 노력해야 합니다.

③ 이완법과 명상법 활용하기

간단한 이완활동과 명상법을 활용하여 불안 및 스트레스 수준을 낮출 수 있습니다. 멘토링 시간에 다음 방법을 활용해 보도록 합니다.

- 의자에 편안하게 앉아 눈을 감고 표정을 밝게 한다.
- 머리끝에서 발끝까지 힘을 다 빼고 긴장을 풀며 호흡을 자연스럽게 한다.
- 정수리에서 얼굴과 목, 어깨를 거쳐 손끝으로 탁한 에너지와 나쁜 감정, 생각이 빠져나간다고 상상한다. 다시 정수리에서 목을 거쳐 가슴, 복부, 옆구리, 허리, 엉덩이, 다리, 발끝으로 빠져나간다고 상상한다.
- 숫자를 50 또는 100에서 1까지 거꾸로 센 후 기분 좋은 이미지나 풍경을 상상한다.

• 수업에 집중을 잘하거나 시험 문제를 잘 풀고 있는 자신을 상상한다.

6. 학습 환경

1) 학습 환경 이해하기

(1) 학습 환경

학습 환경이란 넓은 의미로 볼 때 학습자의 성장 발달에 영향을 주는 모든 물리적 환경, 심리·정서적 조건, 그리고 사회·문화적 영향 등의 제반 여건이라고 정의할 수 있습니다.[28] 물리적 환경이란 학습자가 위치해 있는 공간적이고 도구적인 학습 환경을 의미합니다. 교실, 교실의 채광 및 소음, 학습 시 사용하는 의자와 책상 등이 대표적인 물리적 환경 요소입니다. 심리·정서적 조건은 학습에 영향을 미치는 학습자의 심리내적 특성을 의미합니다. 학습자의 정서적 특징, 학습에 영향을 미치는 심리상태 등이 포함됩니다. 마찬가지로 사회·문화적 영향에는 멘티의 가정형편과 같은 환경적이고 문화적인 특징 및 IMF와 같은 사회경제적인 상황 등이 포함됩니다.

즉, 학습 환경이란 교육과정뿐만 아니라 학교의 인적·물적 자원, 혹은 심리적 요소들까지 포함하는 매우 광범위한 개념입니다. 이와 같은 학습 환경은 학습자의 학습 성과를 결정짓는 가장 기본적인 조건이라는 점에서 중요한 교육적 의미를 가지며, 오랜 시간에 걸쳐 학습 환경이 학습 성과에 미치는 영향에 대한 연구들이 다양하게 진행되었습니다. 다음에서는 학습을 촉진시키는 환경에 대해 함께 살펴보고자 합니다.

그렇다면 공부하기 좋은 환경이란 무엇일까요? 공부하는 스타일이 각기 다

---

28) 박인우, 김갑수, 김경(2006)

르듯 개인에게 적당한 환경 또한 모두 다릅니다. 조용하고 막힌 공간을 원하면 도서관에서, 편안하고 자유로운 공간을 원하면 집에서, 혼자서 강의하듯 하고 싶으면 빈 강의실에서 등 자신에게 맞는 최적의 공간을 찾는 것이 필요합니다. 따라서 멘토는 멘티의 학습을 돕고 싶다면, 우선 멘티에게 맞는 공부하기 좋은 곳을 찾았는지 살펴보도록 합니다. 혹시 멘티가 아직 찾지 못했다면 다음 내용을 통해 멘티에게 맞는 학습 환경을 만들어 봅시다.

이와 함께 멘티의 물리적 환경뿐만 아니라 심리적 환경 또한 함께 살피는 세심함을 발휘한다면 멘티의 학습을 돕는 데 더할 나위 없을 것입니다. 앞서 학습 환경의 조건에서 정의하였듯이, 학습 환경은 물리적인 여건과 함께 멘티의 심리적 요소와 맥락적 환경을 아우르는, 학습에 영향을 미치는 전반적인 조건들을 모두 포함하기 때문입니다. 멘티의 심리적 환경을 확인하기 위해서는 우선 여기에 영향을 미칠 만한 가족관계, 교우관계, 학교생활 적응 등을 살피고 현재 멘티의 학습에 지장을 초래할 만한 유의사항은 없는지 체크해 보는 것이 좋습니다.

2) 학습 환경 다루기의 실제

(1) 학습 환경 측정하기

학습을 시작하기 전에 멘토는 멘티의 환경과 관련하여 다음의 사항들을 확인할 것을 추천합니다. 우선은 전반적으로 건전한 학습 환경을 구축하기 위해 기본적으로 갖추어야 할 조건들이 구비되었는지 파악한 후, 구체적인 학습 환경 조건을 체크리스트를 활용하여 확인해 봅니다. 건전한 학습 환경을 구비하기 위해서는 먼저 멘티의 학습에 대한 기대와 결과를 파악하고, 학습 공간 및 학습 자료를 정비한 후, 시간 관리 계획을 세우는 것이 도움이 되겠습니다. 이처럼 학습을 위한 기본적인 분위기가 형성되었다고 판단되면, 멘티 개인의 특성에 맞는 물리적 환경이 무엇인지 함께 고민한 후 준비하도록 합니다. 이러한 조력 과정 중에 멘티의 학습에 영향을 미칠 만한 특별한 상황이나 사건이 있는지도 유념해야 할 것입니다.

다음은 전반적으로 건전한 학습 분위기를 형성하기 위해 필요한 조건들입니다. 제시된 내용을 잘 읽어 본 후, 멘티와의 만남에서 자문해 보기 바랍니다. 특이사항이 있을 시, 이를 비고란에 기록해 둡니다.

〈표 8-14〉 건전한 학습 분위기 조성을 위한 체크리스트

	내용
학습에 대한 기대와 결과	☐ 멘티는 자신이 가지고 있는 학습에 대한 기대를 이해하고 학습 과정에서 얻고자 하는 목표치를 가지고 있는가? ☐ 멘티는 목표를 성취하기 위해 노력하는가?
학습 공간	☐ 멘티는 학습을 시작함에 앞서 시각적·청각적으로 방해를 받지 않는 곳을 찾아 자신만의 학습 공간을 만드는가? ☐ 책상, 의자, 조명, 책, 노트, 관련 자료 등 학습에 필요한 물건은 구비하였는가? ☐ 구비된 물건은 잘 정리해 놓았는가?
학습을 위한 자료	☐ 멘티는 학습 자료를 미리 충분히 준비하는가? ☐ 혹시 자료를 찾거나 관련 문헌을 확인하느라 시간을 허비하고 있지 않는가? ☐ 도서관, 웹 검색 등을 위한 시간은 따로 마련되어 있는가? ☐ 자료 검색을 핑계로 하는 웹 검색 또는 휴대 전화 검색은 잘 통제하고 있는가?
시간 관리	☐ 하루의 시간을 어떻게 사용할 것인지, 요일별로 무슨 일을 할 것인지 구체적인 계획이 세워져 있는가? ☐ 시간 계획을 세우는 요령을 알고 있는가? ☐ 지나치게 무리한 계획을 세우고 있지 않는가? ☐ 멘티는 자신이 달성 가능한 수준을 파악하고 이에 맞는 정도로 계획을 세우는가? ☐ 계획한 내용에 대해서는 성실히 실천하는가? ☐ 달성한 목표 및 계획에 대해 적절히 보상하는가?

멘티의 학습 환경의 적절성을 구체적으로 평가하기 위해 다음 〈표 8-15〉
와 같은 학습 환경 평가 목록표를 활용하는 것을 추천합니다. 학습 환경을 준
비할 때는 우선적으로 학습자의 물리적인 학습 공간을 정비해야 하며, 이때
학습 환경 평가 목록표를 활용한다면 물리적인 학습 환경과 관련한 세부 사
항을 놓치지 않고 확인할 수 있습니다. 멘토는 멘티의 학습 환경을 체크함과
동시에 멘티들이 스스로 자신의 학습 환경을 확인하고 필요한 부분을 보완할
수 있도록 가르칩니다.

학습 환경 평가는 크게 물리적 학습 환경과 심리적 학습 환경으로 나뉘며,
물리적 학습 환경은 전체 수준에서의 환경 조건과 개인 수준에서의 환경 조건
으로 나뉩니다. 학습 환경 평가 목록에는 다음 〈표 8-15〉와 같은 사항들이 포
함됩니다. 멘토링 진행 시 필요한 조건을 확인한 후, 실제 현장에서 갖춰진 조
건의 칸에 V표시 합니다. 특이사항이 있을 시 이를 '비고'란에 기록해 둡니다.

〈표 8-15〉 학습 환경 평가 목록표

	내용
물리적 학습 환경	☐ 교실 조명 시설이 적절히 갖추어져 있는가? ☐ 교실 내 소음이 적절한 수준인가? ☐ 학생 수를 고려하였을 때 교실의 크기는 적절한가? ☐ 교실에 활용할 수 있는 학습 자료 및 기자재가 갖추어져 있는가? ☐ 장애학생들을 고려한 설계 요소가 있는가?
심리적 학습 환경	☐ 멘티가 수업에 잘 집중하는가? ☐ 멘티가 수업 준비 및 과제를 잘 챙기는가? ☐ 멘티에게 최근 고민거리가 있는가? 있다면 어떤 것인가? ☐ 멘티의 옷차림이나 위생상태 등은 적절한가? ☐ 그 밖에 최근 멘티에게 변화가 있는가?
기타	☐ 추가적으로 검토해야 할 사항이 있다면 적어 봅시다.
비고	

물리적 학습 환경을 확인하기 위해서는 학습을 위해 최적화된 학습 공간이란 무엇인지 고민한 후 멘티와 함께 질문해 보도록 합니다. 심리적 학습 환경의 경우, 멘티에게 관찰되는 모습에 주목합니다. 멘티의 수업 집중도, 과제 준비, 외양 등은 멘티가 심리적으로 편안한 상태인지를 보여 주는 중요한 지표입니다. 예를 들어, 멘티가 수업에 자주 지각하거나 과제 준비를 잘 못해 온다면 이는 나쁜 학습 습관이고, 학습 동기의 문제일 수도 있지만, 멘티가 주어진 과업에 몰입하기 힘든 심리적 또는 환경적 부담이 있는 것으로도 해석할 수 있습니다. 따라서 이러한 징후가 포착될 시에는 멘티와의 면담을 통해 멘티의 상황에 대해 이해하려고 노력하는 것이 도움이 됩니다. 마찬가지로 위생상태와 같은 멘티의 외양은 멘티가 현재 보살핌을 잘 받고 있는지, 학대나 유기 또는 또래 괴롭힘은 없는지를 살펴볼 수 있는 중요한 지표입니다.

주의할 부분은 학습 환경에 대한 검토가 멘토링 초기뿐만 아니라, 진행 중에도 항상 이루어져야 한다는 점입니다. 특히 멘티의 심리적 환경은 멘토링 진행 중에도 멘티가 처한 상황에 따라 얼마든지 변화할 수 있는 부분이기에 검토를 게을리해서는 안 될 것입니다. 그런 맥락에서 멘토링 시간에 멘티의 변화가 감지된다면 주의해서 살펴보아야 하겠습니다.

더불어 학습 환경 평가 목록표에는 추가적인 검토를 위한 항목이 마련되어 있습니다. 여러분이 운영하는 멘토링 프로그램의 특성 및 진행 상황에 맞는 질문을 좀 더 추가하여도 좋을 것입니다.

(2) 학습 환경 다루기

앞에서는 적절한 학습 환경을 만들기 위한 기본적인 조건들이 무엇인지 살펴보았습니다. 다음에서는 보다 효율적으로 학습 환경을 만들기 위한 팁을 제공하고자 합니다. 다음에 제시되는 내용은 학습을 촉진하는 물리적·심리적 지원 방안들이니 참고하도록 합니다.

① 공부가 잘 되는 공간 찾기

좋은 학습 환경을 만들기 위해서는 우선 자신에게 잘 맞는 학습 공간을 찾는 것이 중요합니다. 학습 분위기 형성이 쉽고, 방해받지 않으며, 학습을 위한 제반 시설 및 조건이 갖추어져 있으면서 집중하기 좋은 공간들을 생각해 봅시다. 자신이 실제 편안히 활용할 수 있고 접근이 쉬운 공간의 우선순위에 따라 정해진 학습 시간에 이용하도록 합니다.

공부가 잘 되는 공간은 개인마다 다를 수 있습니다. 집이 편하고 좋으면 집에서 하고, 조용한 학습 분위기가 필요하다면 도서관을 이용하고, 여러 명이 함께 공부하는 것이 잘 맞는 사람은 소그룹으로 공유할 수 있는 공간을 찾습니다. 공부를 반드시 도서관이나 독서실에서 할 필요는 없지만, 공부에 집중할 수 있고 언제든지 편안하게 이용할 수 있는 장소를 확보하는 것은 매우 중요합니다. 멘토는 멘티의 특성을 파악한 후, 멘티에게 맞는 학습 가능한 공간을 찾도록 도와줍시다.

② 학습만을 위한 책상으로 변신

책상은 오롯이 공부하는 공간이 되어야 할 것입니다. 도서관이나 독서실 책상에 컴퓨터가 없는 것처럼 자신의 책상 위 컴퓨터나 음향기기는 과감히 다른 곳으로 옮기도록 합니다. 책상에 컴퓨터나 음향기기 등이 함께 있다면 자연적으로 신경을 빼앗기게 될 것입니다. 책상을 여러 개씩 마련하는 것은 현실적으로 힘들지도 모르지만 가능하면 공부를 위주로 하는 책상에는 주의를 집중하는 데 방해가 될 만한 물건들은 멀리 배치하는 것이 좋습니다. 또한 책상 앞에 앉아 있는 동안은 휴대 전화 사용을 자제하도록 하고 공부와 관련 없는 물건도 과감히 치우는 것이 좋습니다.

③ 편안한 의자

가능한 편안한 의자에 앉아서 바른 자세로 학습하십시오. 피로는 집중력을 흐트러뜨리고 쉽게 저하시킵니다. 편안한 의자에서 바른 자세로 공부한다면 피로하지 않게 시간을 보낼 수 있습니다. 하지만 간혹 너무 편한 의자에 앉아서 공부하는 것은 나태한 학습을 유도할 수 있습니다. 따라서 편안한 마음으로 공부하되, 집중할 때는 어느 정도 긴장을 하면서 올바른 자세로 학습할 필요가 있습니다.

④ 전화, 문자 메시지는 공부한 뒤에

급하게 받아야 할 전화나 공부와 관련된 것 이외의 용무는 잠시 뒤로 미뤄 둡니다. 특히 최근에는 휴대 전화 사용이 급증하면서 멘토링 수업에서 이와 관련한 마찰이 있기 마련입니다. 반드시 멘토링 첫 회기 오리엔테이션 시, 수업 중 휴대 전화 사용 금지와 같이 '우리' 멘토링만의 규칙을 만들어 수업 시간 중 휴대 전화 사용을 절제하고, 매체 사용을 스스로 통제하는 연습을 하도록 신경 씁니다. 멘토링 수업시간을 시작으로 가정에 돌아간 이후에도 휴대 전화 사용 규칙을 정하고 스스로 지켜 나가도록 격려합니다. 휴대 전화를 많이 사용하고 있음에도 대부분의 청소년이 스마트폰의 폐해에 공감하고 이를 스스로 절제할 수 있게 되기를 바랍니다. 현실적으로 통제하기 힘든 상황이지만, 멘토링을 시작으로 휴대 전화 사용 통제에 대해 배우게 된다면 이후 멘티가 혼자서도 사용 조절을 하게끔 돕는 초석이 될 것입니다. 이러한 자기통제력의 회복은 비단 휴대 전화뿐만 아니라 컴퓨터, 라디오와 같은 대중매체의 사용을 조절하는 데도 크게 도움이 될 것입니다.

⑤ 휴대 전화, 컴퓨터, TV, 라디오, mp3

공부하는 데 있어 최대의 적은 이러한 매체들입니다. '음악을 들으면서 하는 것이 더 잘 된다.'는 것은 한곳에 집중을 잘 못하는 것을 반증하는 것입니다. 힘들더라도 조용한 가운데 오로지 공부에만 집중하도록 합니다. 처음에는 힘들더라도 점차 익숙해지면 조용한 가운데 집중할 수 있게 되며, 집중의 효과를 얻게 될 것입니다.

⑥ 도우미를 내 곁에

공부하는 데 어려운 점이나 의문이 생기면 친구, 선배, 선생님에게 기꺼이 도움을 청하는 것이 좋습니다. 모르는 것은 절대 부끄러운 일이 아니며, 모르면서도 아는 척하는 것이 어리석은 일입니다. 멘토는 멘티들이 질문을 부끄러워하지 않고 편안하게 할 수 있는 분위기를 만들어 주고, 멘티들이 궁금한 것을 질문하도록 격려합니다. 질문한 학생에게 "공부를 열심히 하고 있구나." "학습 내용에 관심이 많구나." 등의 긍정적인 피드백을 준다면 학생들의 질문 행동을 강화할 수 있고, 이를 지켜보는 다른 멘티들에게도 좋은 모델링이 될 것입니다.

⑦ 방의 출입구가 시야에 들어오도록 배치하기

책상에 앉았을 때 출입구가 눈앞에 있어, 오가는 사람이 누구인지를 알 수 있는 자리에 앉는 것이 좋습니다. 출입구가 뒤에 있으면 언제 누가 들어오는지 알 수 없기 때문에 자연적으로 산만해지기 쉽습니다.

⑧ 직사광선이 들어오지 않도록 하기

직사광선은 집중력을 떨어뜨리고, 직접 머리에 내리쬐면 멍해지기 쉽습니다. 방 안에 직사광선이 내리쬔다면 차라리 밖에 나가서 그늘이 있는 곳에서 학습하는 편이 나을 것입니다.

⑨ 책상은 넓은 것으로

넓은 책상은 자신의 집중력을 전면에 펼쳐 학습능률을 높이는 데 적합합니다. 넓은 책상이 없는 경우에는 바닥에 방석을 깔고 앉아서 공부를 하는 것도 좋습니다. 바닥이 넓으면 책상과 같은 효과를 보입니다.

⑩ 가능한 한 TV나 컴퓨터, 침대는 눈에 들어오지 않도록 하기

공부 중에 나를 가장 유혹하는 것이 무엇인지를 생각하면 단연 떠오르는 것이 바로 이 세 가지일 것입니다. 평소에는 재미없던 다큐멘터리 프로그램마저도 재미있게 느껴지는 때가 시험기간 아닐까요? 10분만 누워 있자고 마음먹고 눈을 붙이면 다음 날 아침에 눈뜨게 만들어 버리는 침대, 게다가 시험 자료를 검색하려 잠깐 켠 컴퓨터에는 왜 그렇게나 볼 것들이 많은지 모르겠습니다. 이처럼 시험을 앞두고 의지를 가장 약하게 만들고 집중해야 할 시간을 의미 없는 시간으로 단축시키는 이러한 방해물들은 시험을 치르기 전까지는 최대한 멀리하는 것이 좋을 것입니다.

⑪ 조명은 밝게

어두운 환경은 눈에 부담을 주기 때문에, 공부할 때는 눈이 편하게 느낄 정도의 밝기가 좋습니다. 다만, 차분하게 한 가지 일에만 몰두해야 할 때에는 눈에 부담을 주지 않는 정도로 조금 어둡게 유지하기를 권장합니다.

⑫ 학습 공간은 청결하게

학습 공간은 청결해야 합니다. 먼지가 가득 쌓인 책상에서의 공부는 의욕과 학습능률을 떨어뜨립니다. 특히 주의가 산만한 환경에서는 집중하기가 힘든 만큼, 공부와 관련된 물건들은 미리 제자리를 정해서 정돈해 둡니다.

특별히 집중력이 뛰어난 극소수의 사람을 제외하고, 일반적인 경우에는 평소에 생활하는 환경과 도서관 같이 공부를 위해 마련된 공간에서의 학습능률이 상당한 차이를 보입니다. 그렇기 때문에 자신에게 맞는 최고의 학습 환경을 찾거나, 그러한 환경을 조성하는 일은 매우 중요하다고 할 수 있습니다.

한편, 좋은 학습 환경 조건을 갖추는 것 이상으로 중요한 것은 학습을 방해하는 요소를 제거하는 노력입니다. 학습 방해요소를 제거하기 위한 방법은 다음과 같습니다.

① 공부하기에 적당한 장소 물색하기

가장 이상적인 장소는 아무래도 도서관이나 독서실이겠지만, 학교 교실이나 동아리방도 때에 따라서는 공부 장소가 될 수 있습니다. 물론 지나치게 학생들이 많이 몰리지 않은 경우에 그렇겠지요. 집에서는 대체로 공부를 하기보다는 공부에 필요한 자료를 정리하는 활동을 하는 게 효율적일 수 있습니다.

② 유혹거리가 계속 발생하지 않도록 미연에 방지하기

중요한 전화가 오는 상황이 아니라면 전화는 공부하는 동안은 꺼 두는 게 가장 좋을 것입니다. 공부를 하는 중간에 한 번씩 울리는 문자 메시지나 전화벨 때문에 흐름이 끊겼던 경험이 다들 한 번은 있을 것입니다. 휴대 전화를 끄는 것이 불가능하다면 무음으로 해 두는 것을 권합니다. 그러면 도서관에서 함께 공부하는 친구들에게도 피해가 덜할 것이고 스스로도 공부의 흐름을 방해 받는 일이 줄어들 것입니다.

③ 잠은 충분히 자고 다음 날 최상의 컨디션으로 공부하기

사람에게는 하루 8~9시간의 수면이 가장 이상적이라는 연구결과가 있습니다. 하지만 미래를 준비해야 하는 수험생의 경우, 하루의 3분의 1을 수면에 사용하는 것은 쉽지 않을 수 있습니다. 설령 그렇다 하더라도 6시간 전후로 수면을 취하면서 가능한 일찍 자고 일찍 일어나는 습관을 지니게 되면 좋을 것입니다.

④ 절대로 침대에 누워서 학습하지 않기

간혹 침대에 엎드려서 배를 깔고 공부하는 것이 자신에게 더 좋은 학습 방법이라고 말하는 사람들이 있습니다. 하지만 이 방법은 너무 편안한 나머지 잠들어 버리고 마는 경우가 많기 때문에 좋은 방법이 아닙니다. 앞에서 언급한 것과 같이, 가능하면 침대 가까이 가지 않고, 침대가 눈에 띄지 않도록 조성된 환경에서 학습하는 것이 중요합니다.

이상의 내용들을 멘토와 멘티가 함께 확인하였다면 이제 멘티 스스로 자신에게 최적의 학습 환경이 무엇인지 생각하고 만들어 나갈 수 있는 힘을 길렀다고 생각합니다. 최적의 학습 환경이란 멘티가 편안하게 공부할 수 있는 조용한 장소, 온전히 학습만을 위한 책상 공간의 확보, 바른 자세와 학습 습관이 갖춰진 상태를 의미합니다.[29]

물리적 학습 환경 개선과 함께 멘티의 심리적 학습 환경을 함께 살피는 것이 필요합니다. 멘토링의 대표적인 강점은 멘토와 멘티의 '관계'입니다. 일대일 또는 일대 소수라는 조건이기에 형성할 수 있는 친밀한 관계 경험이 멘티에 대해 깊이 이해하고 세심하게 지도할 수 있는 기회를 제공합니다. 이를 바탕으로 멘티가 가족관계나 교우관계에서 고민은 없는지, 가정형편에 어려움은 없는지, 학습에 집중할 수 있는 상황인지, 그렇지 못하다면 어떤 개입이 가능한지 등에 관심을 기울인다면 최적의 학습 환경을 형성하는 데 무리가 없을 것입니다.

7. 학습 능력

1) 학습 능력 이해하기

(1) 학습 능력

많은 사람이 학습과 능력의 관련성에 대해 이야기합니다. 학습의 많은 부분이 능력에 의존하기는 하지만, 그렇다고 학습 능력을 단순히 '공부 잘하는' 혹은 '머리가 좋은'으로 설명하기에는 한계가 있습니다. 학습 능력을 '경험이나 관찰, 훈련 등을 통하여 변화하거나 지식을 습득하는 과정을 감당하는 힘'

---

29) 손연아 외(2007)

으로 정의한다면,[30] 변화와 지식 습득의 과정을 감당하도록 돕는 다양한 측면의 힘을 고려하여야 할 것입니다. 따라서 멘티의 학습 능력을 이해하기 위해서는 우선 학습 능력과 관련된 주요 개념을 파악한 후 접근하는 것이 효과적입니다.

① 기초 학습 능력

성공적인 학업성취를 나타내기 위해서는 무엇보다도 기초적인 학습 능력을 갖춰야 합니다. 학교 성적은 과목별로 내담자의 학업성취를 나타내 주는 지표가 될 수 있으나, 학교나 출제 교사마다 기준이 다르고 학생이 학교시험 자체에 부여하는 의미도 다를 수 있을 뿐 아니라 학업의 기초가 되는 각각의 능력들을 세분화하여 보여 주지 못하는 경우가 많습니다. 멘토는 학업성취가 저조한 멘티의 학업수행을 위한 기초적인 능력을 파악하기 위하여 표준화된 학업성취검사를 활용할 수 있습니다. 기초 학습 능력에는 문자와 구어를 통한 언어적 이해, 표현, 개념화 등의 언어기능(읽기, 쓰기), 정보처리 기능, 수 기능이 포함됩니다.[31]

② 지능 및 학습장애 요소

지능이 학업성취의 15~36% 정도를 설명한다는 연구결과가 시사하듯이 학업 성적이 전반적으로 저조하고 학습속도가 부진한 멘티를 위하여 멘티의 지적 능력을 확인하고 그 외에 학업을 방해하는 장애요소에 대해 알아 두는 것 또한 필요합니다.

학령기 아동의 약 10~15%가 학습활동에 지장을 줄 수 있는 정신적 · 심리적 장애를 지니는 것으로 나타나며 이는 일반적으로 생각하는 것보다 상당히 높은 비중을 차지합니다.[32] 이러한 발달장애나 학습장애는 학령기 이전에 나

---

30) 서울대학교 교육연구소(2011)
31) 한국학습능력개발원(2010)
32) 한국청소년상담복지개발원(2013)

타나 이후 학업에 지속적으로 영향을 미치게 마련입니다. 정신장애 분야에서 표준화된 분류체계는 DSM-5(Diagnostic and Statistical Manual of Mental Disorders-5)입니다. DSM-5는 미국 정신의학회에서 정신장애를 보다 신뢰할 수 있게 진단하고 분류하기 위해서 개발한 정신장애 진단 및 통계편람입니다. DSM-5에는 다양한 정신적·심리적 문제들이 포함되는데, 학습과 관련한 진단은 신경발달장애와 기타 정신장애에서 찾을 수 있습니다. 이러한 장애와 관련하여 지적 장애, 의사소통장애, 자폐 스펙트럼 장애, 주의력결핍 과잉행동장애, 특정 학습장애, 운동장애 등이 있으며, 특히 지적 장애, 주의력 결핍 과잉행동장애, 특정 학습장애 등이 학습과 관련이 높으므로, 멘토는 이러한 장애의 특징에 대해 이해하고 멘티의 상황을 살피길 권합니다.

■ 지적 장애(지적 발달장애)[33]

지적 장애는 신경발달장애의 하위 유형으로, 18세 이전에 발병하고 지적 기능이 유의하게 평균 이하(지능지수 70 이하)이며, 동시에 일반 적응 기능도 현저히 부족하거나 손상된 상태를 주요 진단기준으로 설정합니다. 지적 장애는 다시 지적 장애, 전반적 발달 지연, 달리 세분화되지 않는 지적 장애 등 세 가지로 구분되며 각 단계에 따라 학습 및 생활 적응에서 특징을 보입니다.

- 지적 장애: 이 범주는 발달단계 동안 발생하고 지적 기능 결핍과 개념적, 사회적, 그리고 실행영역에서의 적응적 기능결핍을 포함합니다. 다음의 세 가지 진단기준을 만족시킬 경우 진단됩니다.
  - ㉠ 추론, 문제해결, 계획, 추상적 사고, 판단, 학업/학습 경험으로부터의 학습과 같은 지적 기능의 결핍은 임상적 평가와 개별적이고 표준화된 지능검사로 확인합니다.

---

33) APA(2013)

ⓛ 적응적 기능결핍은 개인적 독립과 사회적 책임에 대한 발달적·사회·문화적 기준을 만족시키지 못하는 결과를 초래합니다. 지속적인 도움 없이, 집, 학교, 직장과 공동체 같은 다양한 환경에서, 의사소통, 사회적 참여와 독립적인 생활 같은 일상 생활의 한 가지 혹은 더 많은 활동에서 한계가 있습니다.

ⓒ 지적 기능과 적응적 기능의 결핍은 발달단계 동안에 발생합니다.

- 전반적 발달 지연: 이 범주는 5세 미만의 개인에게서 임상적으로 심각한 수준이 초기 아동기 동안 확실하게 평가되지 않을 때 내려집니다. 개인이 지적 기능의 몇몇 영역에서 기대되는 발달적으로 중요한 단계를 만족시키지 못했을 때 진단되고, 표준화된 검사에 참여하기에는 너무 어린 아동들을 포함하여 지적 기능의 체계적인 평가를 받기 어려운 개인들에게 적용됩니다. 이후의 발달 기간에 재평가를 필요로 합니다.

- 달리 세분화되지 않는 지적 장애: 이 범주는 5세 이상의 아동들에 대한 지적 장애 수준의 평가가 감각이나 신체적 장애, 시력 상실이나 학습적 귀머거리, 보행장애 또는 심각한 문제행동이나 동시발생적인 정신장애의 존재와 관련되어 있기 때문에 어렵거나 불가능할 때 내려집니다. 이 범주는 이례적인 상황에 사용되어야 하고, 이후 기간에 재평가를 필요로 합니다.

■ 주의력 결핍 과잉행동장애[34]

주의력결핍 과잉행동장애 또한 DSM-5의 신경발달장애 하위 기준 중 하나입니다. 이는 또래에 비해 부주의, 산만함, 충동성 또는 과잉행동의 증상과 행동들이 자주, 심하게 나타나는 장애로 만 7세 이전에 나타나며, 성인기까지 지속되기도 합니다. 지적 발달 장애와는 다른 행동장애로 학교에서 자주 접할

---

34) APA(2013)

수 있는 학생 유형 중 하나이고, 최근에는 이 장애에 대한 관심과 민감도가 높아진 만큼 멘토 또한 이 장애 특성을 숙지할 필요가 있겠습니다. 겉으로 나타나는 지적 장애가 없기 때문에 멘토링 프로그램에서도 쉽게 만날 수 있을 것입니다. 주의력결핍 과잉행동장애 특성이 있는 경우, 멘토링 진행 및 학습 분위기 형성을 방해하기 쉬우며, 해당 학생 또한 멘토링에 적응하는 데 많은 시간이 걸립니다. 멘토의 세심한 관심과 인내가 요구됩니다. 주의력결핍 과잉행동장애 또한 증상의 심각도에 따라 주의력결핍 과잉행동장애, 달리 세분되는 주의력결핍 과잉행동장애, 달리 세분되지 않는 주의력결핍 과잉행동장애의 세 가지로 분류됩니다.

■ 특정 학습장애[35]

정상적인 지능지수를 보여 주고, 정서적인 혹은 사회환경적인 문제가 없음에도 학업성취도가 떨어지는 아동들의 경우, 특정 학습장애를 의심해 볼 만합니다. 이 경우, 학습과 관련된 뇌기능의 특정 영역이 결함을 보이거나 발육지연 또는 장애를 가지고 있기도 합니다. 학습장애의 사전적 정의는 다음과 같습니다.

"정신지체, 정서장애, 환경 및 문화적 결핍과는 관계없이 듣기, 말하기, 쓰기, 읽기 및 산수 능력을 습득하거나 활용하는 데 심한 어려움을 한 분야 이상에서 보이는 장애다. 이러한 장애는 개인에 내재하는 지각장애, 지각-운동장애, 신경체계의 역기능 및 뇌손상과 같은 기본적인 정보처리 과정의 장애로 인하여 나타난다. 전반적으로 학습장애는 개인차, 즉, 개인의 능력발달에서 분야별 불균형이 나타나는 특징이

35) APA(2013)

있다. 학습장애는 발달적 학습장애와 학업적 학습장애로 나누기도 한
다. 전자는 학생이 교과를 학습하기 전에 갖추어야 하는 신체적 기능
(주의집중력, 기억력, 인지기능, 사고기능, 구어기능)을 포함하고, 후자는 학습
에서 습득하는 학습기능(읽기, 셈하기, 쓰기, 작문)을 포함한다. 학습장애
의 출현율은 약 4%다."

*출처: 서울대학교 교육연구소(2011)

물론 이상의 장애 진단은 멘토가 섣불리 내려서는 안 될 부분입니다. 증상
에 대한 진단은 개인의 과거력(의학적, 발달적, 가족, 교육적), 학교 보고, 심리교
육적 임상 평가 등에 의해 전문가가 판단해야 할 부분입니다. 그럼에도 이러
한 내용을 다루는 것은 멘토가 멘티의 특성을 이해하는 정보로 활용하는 것
을 돕기 위해서입니다.

③ 과목별 선행학습 수준[36]

거의 모든 과목의 학업성취에서 기초가 되는 학업기초능력의 파악과 더불
어 멘토는 각 과목별로 멘티의 선행학습이 어느 정도인지 파악할 필요가 있
습니다. 특히 성적이 점차적으로 조금씩 하락하는 추세를 보이거나 학습을 어
려워하고 싫어하는 정도가 점차적으로 심해진 멘티의 경우, 선행학습의 결손
이 누적되지 않았나 의심해 볼 필요가 있습니다. 또한 초등학교 시절에는
학업성취에 별 문제를 보이지 않다가 중학교나 고등학교에 들어가서 학업에
어려움을 겪거나 성적에 불만을 갖는 청소년들이 나타나기도 하는데, 이들은
학업기초능력에는 별 문제가 없지만 각 과목별 선행학습 수준이 낮아 곤란을

---

36) 김계현 외(2009)

겪고 있을 가능성이 높습니다. 혹은 일부 과목에서는 우수하거나 무난한 성취를 보임에도 다른 특정 과목에서 심각한 어려움을 겪기도 하는 만큼, 멘토링에서 다루는 과목별 선행학습 수준을 구체적으로 확인하시기 바랍니다. 선행학습 수준의 확인은 이전의 학습성취 정도, 누적된 성적 등을 통해 확인할 수 있습니다.

④ 학습부진

때로는 지적 능력이나 특정 영역의 학습 능력에서 전혀 문제가 없음에도 학업을 따라가지 못하는 학생이 있습니다. 이때 우려해야 할 것은 학습부진입니다. 학습부진이란 지능 발달 정도는 정상이지만 읽기와 쓰기, 셈하기를 포함하여 각 교과가 요구하는 최소한의 학업성취 수준에 미치지 못하는 경우를 의미합니다. 학습부진아들은 학교 수업을 올바로 할 수 있는 잠재력이 있지만, 심리적 요인이나 학업수행에 필요한 요건 미비 등의 내적 요인과 학교생활 부적응 또는 교우관계 실패 등의 외적 요인으로 인하여 교육목표에서 설정한 최저 수준의 학업성취에 미치지 못하게 됩니다.

충분히 학업을 수행할 수 있는 능력이 되어도 실제 수행이 뒤처지는 경우를 학습부진으로 정의함에도, 실제 학습부진아를 만나 보면 정상아보다 지능이 다소 낮은 편이거나, 어휘력이 부족하여 자신의 생각이나 경험 또는 환경 현상을 표현하고 해석하는 데 필요한 추상적 언어를 구사하는 능력이 뒤처지며, 보고, 듣고, 경험한 것을 기억하는 능력이 부족한 경우가 많습니다. 또 정상아에 비하여 과잉행동의 특성이 많이 나타나고 주의집중력이 떨어지는 특성을 보이기도 합니다. 그러나 이는 평균보다 낮음을 의미할 뿐, 학교학습을 감당할 수 없을 정도의 저지능이나 정신지체를 의미하는 것은 아닙니다.

2) 학습 능력 다루기의 실제

(1) 학습 능력 측정하기

① 기초 학습 능력 체크하기

학업수행이 저조한 멘티의 기초적인 능력 파악에 표준화된 학업성취검사를 활용할 수 있습니다. 학업성취검사는 학년급 수준 혹은 동연령 집단에서의 백분율로 학업 수준을 나타내 주는 검사인데, 일반적으로 읽기, 쓰기, 셈하기, 일반 상식 등 네 가지 부문에서 성취 수준을 검사합니다.

현재 우리나라에서 가장 많이 쓰이고 있는 초등학생용 검사로는 개인용 학업성취검사인 '기초학습기능 검사'[37]가 있습니다. 이 검사는 유치원이나 초등학교 수준의 일반아 및 장애아를 대상으로 학업에 기초가 되는 능력을 평가하는 데 사용되도록 제작되었으나, 학업성취가 떨어지는 학생의 학업 기초 능력을 알아보고자 할 때 자세한 정보를 줄 수 있습니다. 이외에 '종합학습 능력 진단 검사'[38] '학습준비도 검사'[39] '학습 기술검사'[40] 등이 있어서 멘티의 학업 기초 능력 및 학습 기술 등을 파악하기 위해 활용할 수 있습니다. 다만, 이러한 검사 사용은 전문가의 영역이므로 멘토가 직접 사용하기에는 제한이 따르게 마련입니다.

오히려 멘토는 멘티가 읽고 쓰는 데 어려움이 없는지, 읽은 내용을 제대로 이해하는지, 간단한 연산을 정확히 하는지를 확인하고 멘티에게 특이사항은 없는지 담임교사 등의 피드백을 들음으로써 기본적인 학습 능력을 파악할 것을 추천합니다. 멘티의 기초 학습 능력은 멘티의 학년을 고려하여 검토하시기 바랍니다. 멘토가 멘티의 기초 학습 능력을 검토한 결과, 심각한 결함이 발견

---

37) 교육개발원(1989)
38) 문용린(1995)
39) 김정권, 여광응(1987)
40) 변창진(1993)

된다면, 담임 또는 멘토링 프로그램 담당 교사, 혹은 멘토링 슈퍼바이저에게 알리고 조치에 대한 안내를 받으시기 바랍니다.

〈표 8-16〉 기초 학습 능력 체크하기

	내용
물리적 학습 환경	☐ 멘티가 한글을 읽을 수 있는가?
	☐ 멘티가 한글을 받아쓰는 데 어려움이 있는가?
	☐ 멘티는 주어진 지문을 읽고 이해하는가?
	☐ 멘티의 학년에 맞는 기본적인 연산(더하기, 나누기, 곱셈, 뺄셈, 분수의 연산 등)을 정확히 수행하는가?
기타	
비고	

② 지능 및 학습장애 요소

학업 성적이 전반적으로 저조하고 학습속도가 부진한 학생을 위하여 지능검사를 수행하는 것은 학업 곤란의 원인을 밝혀내는 데 도움이 됩니다. 또한 학생이 가지는 학습상의 강점과 약점을 찾아내어 취약점들을 보강하고 강점을 활용하는 계획을 세우는 데도 도움이 될 것입니다. 학생의 지능을 파악하기 위해서는 표준화된 지능검사를 이용합니다. 대체적으로 집단용 지능검사보다는 개인용 지능검사가 보다 정확하고 풍부한 정보를 주지만, 멘토가 직접 실시하기 힘든 경우가 대부분이므로, 일상에서 멘티를 관찰하여 얻은 정보, 담임선생님으로부터 제공받은 정보, 혹은 기존 검사 기록 등을 활용하는 것이 좋습니다.

가장 대표적인 지능검사로는 15세 이하의 청소년을 위해서는 웩슬러(Wechsler) 아동용 지능검사가 있으며, 16세 이상의 청소년을 위해서는 웩슬러 성인용 지능검사가 있습니다. 두 검사 모두 개인용 검사로 전 세계적으로 가장 많이 쓰이고, 인정받고 있습니다. 이와 같은 웩슬러 검사를 한국 아동과 청소년 및 성인들에 맞게 표준화하여 규준을 마련한 것입니다. 다만, 두 검사 모두 충분한 훈련을 거친 전문가가 실시하고 해석하여야 하므로, 멘토는 이들 검사를 직접 실시하기보다는 그 의미와 활용에 대해 이해하는 것이 우선입니다. 웩슬러 외에 지능을 파악하기 위하여 사용할 수 있는 검사로는 고대–비네(Binet) 검사, L–S식 진단성 지능검사, 인물화에 의한 가면 지능검사, 종합능력 진단 검사 등이 있습니다. 최근에는 다중지능에 대한 관심이 높아지면서 다중지능검사 또한 활용하는 추세입니다.

지능과는 별개로 학습을 방해하는 요인들로는 멘티의 주의력결핍 과잉행동장애 문제, 자폐 스펙트럼 장애 여부, 의사소통장애 및 시각 또는 청각 문제 등이 있습니다. 이러한 학습장애의 진단은 부모 및 교사 면담, 신체검사(학습에 장애를 줄 수 있는 만성질환, 영양실조, 경련성 질환, 시력장애, 청력장애 등), 심리검사, 신경발달 평가, 심리교육평가(학습성취도, 인지기능, 언어발달 검사 등)를 통해서 할 수 있습니다. 구체적인 학습장애 진단기준은 다음과 같습니다. 참고하시기 바랍니다.

한편, 학습장애의 진단을 위해서는 개념 수준의 정의를 바탕으로 한 합의된 지침이 필요한데, 교육적이고 발달적인 합의를 포함하고 있는 '기대치/성취 수준의 불일치' 지침이 현재 교육적이고 치료적인 개입을 위해 제안되고 있습니다.[41]

DSM-5의 특정 학습장애 주요 진단기준

A. 학습하고 학업 기술을 사용하는 데 어려움을 해결하기 위한 중재를 제공받았음에도 읽기, 쓰기언어, 수학 영역에서의 다음의 여러 가지 증상(1~6번)들 중 한 가지 증상이 적어도 6개월 동안 지속적으로 나타났을 때다.

[41] 김동일, 이대식, 신종호(2009)

1. 부정확하게 또는 느리게, 노력하며 단어 읽기(하나의 단어를 부정확하게 또는 느리고 머뭇거리며 읽기, 단어를 자주 추측하기, 단어를 소리 내어 읽는 어려움)

2. 읽는 내용의 의미를 이해하는 어려움(문장은 정확하게 읽으나 순서, 관계, 추론, 또는 읽는 내용의 깊은 의미를 이해하는 어려움)

3. 철자의 어려움(추가, 생략, 또는 모음과 자음 대체)

4. 쓰기 표현의 어려움(문장 내 여러 가지 문법과 구두법 오류, 낮은 문단구성 수준, 명확하지 않은 아이디어에 대한 쓰기 표현)

5. 수감각, 수지식, 계산의 어려움(낮은 수준의 수, 수 크기, 관계에 대한 이해력, 또래 친구처럼 수학 지식을 기억하는 대신에 손가락을 이용해서 한자리수 덧셈하기, 산술계산하는 과정에서 헤매거나 순서 뒤바꾸기)

6. 수학적 추론의 어려움(문제를 푸는 데 수학적 개념, 지식, 과정들을 적용하기에 심각한 어려움)

B. 특정 학습장애의 학업적 어려움에 대한 확고한 임상적 지표는 개별적으로 수행된 표준화된 성취도 평가와 종합적인 임상검사를 통해서 실제 연령에서 기대되는 학업 기술 수준 또는 평균 학업성취보다 수량적으로 현저하게 낮을 때다. 이러한 낮은 학업 기술은 아동의 경우 학교 내 학습활동을 저해하는 원인이 되며, 이는 학교 기록들과 교사의 평가점수를 통해 나타나게 된다. 17세 이상인 경우, 학습의 어려움에 대한 문서기록들은 표준화된 평가들을 대체할 수 있다.

C. 학업적 어려움은 학령기 동안에 시작된다. 그러나 개인의 제한된 학습 능력을 넘어선 학업 기술이 요구되기 전까지 명백하게 나타나지 않을 수도 있다(예: 시간이 정해진 시험, 제출기한이 빠듯하고, 복잡한 쓰기능력이 요구되는 과제, 부담이 너무 큰 과제)

D. 학업적 어려움은 정신지체, 교정되지 않은 시력과 청력의 문제, 다른 정신 또는 신경학적 장애, 심리·사회적 역경, 언어문제, 또는 부적절한 교육으로 인해 기인될 수 없다.

1. 난독증이란 정확하고 유창한 단어인지, 부족한 해독, 부족한 철자

능력과 관련된 문제를 가진 학업적 어려움의 양식을 일컬을 때 사용되는 대안적인 용어다. 만약 앞서 언급한 어려움들의 특별한 패턴을 구체화하기 위해서 난독증을 사용한다면, 읽기이해 또는 수학추론의 어려움과 같은 추가적인 어려움에 대해서 구체적으로 제시해야 한다.

2. 난산증이란 수에 관한 정보처리 과정, 연산지식 학습, 정확하고 빠른 계산에 문제를 가진 학업적 어려움의 양식을 일컬을 때 사용되는 대안적인 용어다. 만약 수학적 어려움들의 특별한 패턴을 구체화하기 위해서 난산증을 사용한다면, 수학추론 또는 단어추론 명확성의 어려움과 같은, 추가적인 어려움에 대해서 구체적으로 제시해야 한다.

③ 과목별 선행학습 수준

멘토가 각 과목별 선행학습 수준을 파악하기 어렵다면, 부모와 교사의 협조를 얻어서 간접적으로 파악할 수 있습니다. 즉, 멘티 및 부모에게 해당 과목에서 어려움을 느끼기 시작한 시점이 언제쯤인지, 그리고 그 과목들의 성적이 그 시점 전후부터 지금까지 어떠하였는지를 질문합니다. 더불어 각 과목별로 내담자의 현재 학습 능력 및 성취가 어느 수준인지를 면밀히 파악해 줄 수 있는 인물이 누구인지를 멘티 및 부모와 함께 의논하면 도움이 됩니다. 이러한 경우, 멘티가 현재 다니고 있는 학교나 학원의 교사들이 가장 적절한 인물이 될 수 있을 것입니다. 도움을 받을 수 있는 인물에 대해 합의하였다면, 다음으로 멘티가 각 과목별로 지명한 인사로부터 현재 학습 능력 및 성취 수준을 평가받아 오도록 독려합니다. 이렇게 과목별로 어느 부분에서 특히 어려움을 겪으며, 어떤 부분에서 강점을 지니고 있는지, 전반적으로 또 부분적으로 몇 학년, 몇 학기쯤의 수준인지를 파악할 수 있습니다. 이와 같이 과목별로 자세히 파악된 내용은 학업 문제를 해결하기 위한 계획 수립에 중요한 역할을 하게 될 것입니다.[42] 만약 멘티의 성적 확인이 어렵거나 주위의 확인을 받기가 여의치 않다면 멘토가 간략한 시험을 통해 멘티의 현재 수준을 대략적으로나마 검토하는 것도 가능합니다.

④ 학습부진

학습부진의 원인으로는 학습자의 성격과 지능을 포함하여 학습장애 및 주의력결핍, 공부에 대한 가치관, 비효율적인 공부 습관, 교우관계나 가정환경 등 학업 이외의 스트레스와 건강 문제 등이 광범위하게 거론됩니다. 학습부진은 학습장애와 유사한 개념으로 혼동되기도 하지만, 학습장애는 뇌의 특정 부분 기능장애나 유전적 요인, 인지 결함, 지각 요소, 언어발달장애 등의 기질적 문제가 원인인 반면, 학습부진은 실제 학업 능력에 비해 수행이 이를 따라가지 못한다는 점에서 학습장애와는 구별됩니다. 따라서 학습장애나 지적 장애를 의심할 만한 결손이 파악되지 않지만, 학습에 어려움을 겪는 멘티는 진단적인 관점이 아닌 교육적인 관점에서 조력해야 할 것입니다.

물론 멘티의 잠재능력에 비하여 성취도가 현저하게 낮을 경우에는 멘토 혼자 모든 문제를 안고 가기보다 보호자와 상의하여 학습부진 진단 및 치료 전문가에게 평가를 의뢰하는 것이 효과적입니다. 이때 전문적인 평가에는 지능검사와 학습장애와 관련된 난독증, 이해력, 셈하기, 성격검사, 심리평가를 포함한 주의력검사 등이 실시됩니다.

(2) 학습 능력 다루기

멘티가 기초 학습 능력 및 여타의 학습관련 장애가 없다면, 학업에 대한 흥미와 자신감을 키워 주고, 과목별로 뒤처진 부분을 보충함으로써 학습 능력을 향상시킬 수 있도록 합니다. 이 경우, 멘티가 사회·환경적으로 학업 역량을

---

42) 김계현 외(2009)

키우기 힘든 상황일 수 있으므로 멘티의 학습 환경 또한 세심히 살피고 멘토링 활동을 통해 학습과 관련하여 긍정적인 경험을 하도록 돕는 것이 중요합니다. 멘티의 학습 흥미 및 동기, 환경과 관련하여서는 본서의 '2부 3장 학습 멘토링 실행하기'를 참고하시기 바랍니다.

　무엇보다도 멘티의 학습부진이 의심될 경우에는 앞서 언급한 부진의 원인을 파악하는 것이 급선무입니다. 특히 교우관계나 가정환경과 같은 스트레스원을 신속히 제거할 수 있도록 돕습니다. 앞에서 다룬 건강한 학습 환경 만들기 관련 내용을 참고하시기 바랍니다. 마찬가지로 주의력의 문제나 공부에 대한 동기와 반감, 학습 습관이 부진을 일으키는 주요 원인일 수 있으니 관련 내용을 숙지하십시오. 학습부진을 해결하기 위해서는 무엇보다도 학습에 대한 기초 능력을 향상시키는 것이 필요합니다. 혹은 가정이나 학교 등의 주변 환경으로 인한 정서상의 문제가 생겼을 경우에는 원인이 되는 환경 문제를 해결하려는 노력과 함께 불안·우울·소외 등의 문제를 해결하기 위한 심리치료를 실시하는 것 또한 도움이 됩니다. 최근에는 각 학교별로 청소년상담사 또는 전문상담교사가 배치되어 있는 만큼, 상담적인 조력을 구하는 것 또한 가능합니다.

　한편, 학습 능력과 관련하여 장애가 의심되는 경우, 반드시 보호자 또는 담당 교사에게 보고하십시오. 혹시 이미 이와 관련한 치료가 이루어지고 있다면 멘토링에서 어떤 부분을 조력할 수 있을지 고민하시기 바랍니다. 멘토링은 전문적인 치료가 아니기 때문에 멘티의 모든 문제를 해결할 수는 없습니다. 실제 참여한 멘티 또한 그러한 기대를 가지고 온 것이 아닙니다. 오히려 여타의 문제들로 인해 현재 학업이나 학교생활 적응에 어려움을 겪고 있을 것입니다. 멘토는 오히려 이러한 생활밀접형 조력자 역할을 맡는 것이 효율적입니다. 특히 소수 인원을 지도하는 멘토링의 특성상, 멘티가 경험하는 어려움에 세심히 관심을 기울이는 것이 멘토링 진행상의 강점이 되겠습니다.

　다시 말해, 멘토링의 경우 학습장애에 직접적으로 개입하기보다는 아동의 특이사항을 민감하게 살펴본 후 전문가에게 보고함으로써 조기발견에 기여하고, 아동의 일상생활 적응을 지원하는 것이 바람직합니다. 멘티의 결함을 무조건 고치려 들기보다는 멘티가 가지고 있는 장점을 찾아내어 발달시켜 주겠다는 자세로 학습에 대한 흥미를 유발시키는 것이 효과적이겠습니다. 한편, 그룹 멘토링의 경우, 학습장애 아동 외의 다른 참여자 또한 보호해야 하는 만큼 대상 아동의 멘토링 참여 적절성 및 참여 시 적응을 어떻게 도울지에 대해 담당 교사 및 멘토링 슈퍼바이저와 의논해야 할 것입니다.

혹시라도 학습장애 진단을 받았거나 의심되는 학생이 함께하고 있다면, 어렵겠지만 해당 멘티에게 각별한 관심을 쏟는 것이 필요합니다. 학습장애가 지속되면, 이차적인 우울증, 시험 불안증이 동반되는 경우가 많고, 청소년기에 이르면 학업 탈락에 대한 반응으로 분노 조절의 어려움 또는 반항성이 증가하는 경우가 많습니다. 학습장애에는 주의력결핍장애가 동반되는 경우가 약 50% 정도로 상당히 높은 비율로 보고되고 있는데, 이럴 경우 반항장애나 품행장애로의 연결이 더욱 증가합니다. 따라서 멘티가 학습에 지속적인 어려움을 겪음으로써 경험하게 되는 심리적 불편감을 이해하고 접근하시기 바랍니다.

한편, 최근에는 기존의 학습 능력 위주의 지능이 아닌 다양한 능력을 포함하는 새로운 개념이 주목받고 있습니다. 바로 다중지능입니다. 다중지능은 지능이 학업성취와 관련된 단일한 하나의 지적 능력을 나타내는 구인이 아니라 다차원적인 여러 가지 하위 능력들로 구성된 것이라는 개념입니다. 다중지능을 제안한 가드너(Gardner)는 다면적 지능을 구성하는 상호 독립적인 일곱 가지 능력에는 언어지능, 논리-수학적 지능, 공간지능, 음악지능, 신체-운동지능, 개인 간 지능, 개인 내 지능이 있으며, 각 개인은 이러한 여러 가지 능력의 측면에서 서로 다른 강점과 약점을 가지고 있다고 설명합니다.[43]

실제 멘티를 만나면 모든 멘티가 학습에 흥미를 갖고 학업을 수월하게 잘해 내지는 못합니다. 그러한 멘티를 만나면 학습을 돕고자 자리한 학습 멘토

---

43) 한국교육심리학회 (2002)

링 멘토로서 무척 좌절스러울 수 있습니다. 그렇지만 이때 멘토는 멘티를 '공부를 못하는 아이'가 아닌 '또 다른 능력이 있는 아이'로 보고 접근하는 자세가 필요하겠습니다. 멘티 또한 멘토의 이러한 이해를 바탕으로 자신감을 키우고 자기확신이 생기면서 오히려 기존에 어렵고 좌절만 주던 학습활동에 흥미를 가질 심리적 여유를 갖게 될 것입니다.

요약

- 학습부진의 원인을 파악한다.
- 학습 능력과 관련한 장애가 의심되는 경우 보호자 또는 교사와 상의한다.
- 아동의 특이사항에 대해 전문가와 상의하여 조기발견에 기여하고 멘티의 일상 적응을 돕는다.
- 학습 능력은 지능 외에도 다양한 능력을 포함한다. 멘티의 가능성 발견에 힘쓰도록 한다.

9장 |

학습 멘토링의 평가 및 마무리

1. 멘티와의 학습 멘토링 마무리

멘티와 좋은 관계를 맺고 멘토링을 잘 실행해 가는 것도 중요하지만, 멘토링을 잘 마무리하는 것도 이에 못지않게 매우 중요합니다. 종결이란 멘토와 멘티의 공식적인 계약이 종료되어 개인적인 관계로 돌아가는 자리를 말합니다. 멘토링 종결은 원래 정해진 기간이 끝난 경우, 멘토나 멘티 중에 건강상 문제나 이사 등 부득이한 상황이 발생한 경우, 멘티가 멘토링 활동에 거부감을 표현하는 경우, 멘토나 멘티가 멘토링의 기본 원칙이나 약속을 어겨서 활동하기 어려운 경우(예: 멘티의 빈번한 무단결석) 등일 때 이루어지게 됩니다.[1]

> **멘토링 종결이 이루어지는 경우**
>
> • 정해진 기간이 끝난 경우
> • 멘티나 멘토 둘 중에 건강상 문제나 이사 등 부득이한 상황이 발생한 경우
> • 멘티가 멘토링 활동 중에 거부감을 표현하는 경우
> • 멘토링의 기본 원칙이나 약속을 어겨서 활동하기 어려운 경우

---

1) 보건복지부 휴먼네트워크

보통 한 학기에서 길게는 1년 혹은 수년에 걸쳐 동일한 멘티와 멘토링을 지속하게 되는데 이러한 관계를 마무리해야 하는 것은 멘토와 멘티에게 어려운 일이 될 수 있습니다. 헤어질 때 잘 마무리하지 않으면 멘티에게 오히려 상처를 주거나 멘토링에 대한 부정적인 인식을 심어 줄 수도 있습니다. 특히 불안정한 가족관계를 맺고 있는 멘티의 경우 신뢰하며 따랐던 멘토와 준비되지 않은 이별을 하게 되면 관계에 대한 불신을 형성하게 될 가능성이 있습니다. 따라서 멘토들은 멘토링의 종결을 민감하게 잘 다루고자 노력해야 합니다.

종결 시 멘토와 멘티가 서로 감사를 나누고 기분 좋게 마무리를 하는 것이 바람직합니다. 멘토링을 진행하는 동안 멘토와 멘티 사이에 조금 실망스러운 일이 있었다고 해도 종결 과정에서 마무리를 잘 하면 멘토와 멘티 서로에게 좋은 기억으로 남을 수 있습니다.

멘토링 종결 시 주의해야 할 5가지

1. 지키지 못할 약속을 하지 않는다.
종결 시 가장 주의해야 할 사항인데요. 멘토와 멘티가 관계가 종료되는 것을 아쉬워하면서 지킬 수 없거나 무리한 약속을 하는 경우가 종종 있습니다. 예를 들어, "멘토링이 끝나도 자주 연락하자."와 같은 말은 멘티가 지속적인 관계가 유지될 것이라는 기대를 하게 만듭니다. 하지만 이 약속이 지켜지지 않았을 경우에 멘티는 대인관계에서 또다시 부정적인 경험을 하게 됩니다. 따라서 종결을 준비할 때는 멘토가 이 점을 분명이 인식하고 멘티가 상처받지 않도록 주의해야 합니다.

2. 종결 1~2개월 전부터 종결을 준비한다.
멘토링뿐만 아니라 모든 인간관계에서 갑작스러운 이별은 상대에게 상처를 줄 수 있겠죠? 특히 대인관계에서 상처를 입었던 멘티라면 준비되지 않은 종결은 멘티에게 더 큰 부정적인 영향을 끼칠 수 있습니다. 따라서 종결 1~2개월 전부터 멘토링 종결에 대한 이야기를 멘토와 멘티가 충분히 하고, 멘토가 주도적으로 종결 준비를 해야 합니다.

3. 미처 하지 못한 말, 해결되지 못한 문제가 있는지 확인한다.
만약 개별 활동이 잘 이루어지지 않았던 멘토링이라면 서로 이야기를 나눌 시간이 별로 없을 것입니다. 종결 준비과정에서는 멘토와 멘티가 직접 만나 서로 이야기도 하고, 만약 해결되지 못한 문제가 있다면 서로 대화로 푸는 것이 좋습니다.

4. 공식적인 만남은 끝나도 관계는 지속될 수 있음을 확신시킨다.
멘토링이 종결되었다고 해서 멘토와 멘티의 개인적인 교류까지 그만두어야 하는 것은 아닙니다. 갑자기 연락을 끊을 경우에는 오히려 멘티에게 부정적인 영향을 끼칠 수 있습니다. 차츰 빈도를 줄이며 3~6개월은 연락을 가끔씩 하는 것이 좋습니다. 다만, 종결 이후의 만남과 연락이 멘토링의 연장선이 되지 않도록 주의해야 합니다.

5. 지금까지 만남에서 좋았던 부분을 강조한다.
종결 시 이제까지 서로 좋은 추억을 나눈다면 그 기억이 더 오래 갈 수 있을 것입니다. 종결 만남에서는 좋았던 부분을 서로 이야기하며 마무리를 하는 것이 바람직합니다.

* 출처: 보건복지부 휴먼네트워크

2. 멘토링 평가 및 행정적 마무리

멘토링 활동을 종결할 때 멘티와의 만남을 잘 정리하는 것 외에 멘토링 기관과의 행정적 마무리를 잘 하는 것도 중요합니다. 사회생활 경험이 없는 멘토의 경우 이러한 면을 간과하거나 소홀히 하는 경우가 있는데 멘토링 기관과의 최종 마무리까지가 멘토링 활동의 일환임을 명심하고 끝까지 책임감을 갖고 유종의 미를 거둘 수 있도록 합니다.

기관별로 멘토링 활동을 평가하는 항목은 다양합니다. 다음 〈표 9-2〉 활동 멘토링 종결 평가지는 기업 내 멘토링 활동 종결 시 사용되는 평가지인데 이를 청소년 학습 멘토링 활동에 맞게 수정한 것입니다. 기본적으로는 자신이 활동을 한 기관의 양식을 따르도록 하며 다음에 소개된 평가지는 개인적으로 자신의 활동을 평가하는 데 참고할 수 있습니다. 그 외 그동안의 활동보고서

나 활동비 회계처리 등이 기관에 따라 요구될 수 있습니다.

〈표 9-1〉 멘토링 종결 단계의 체크리스트

- ☐ 출석부 완료
- ☐ 상담 일지 작성
- ☐ 활동보고서 작성
- ☐ 활동비 영수증 수합
- ☐ 멘토링 활동 만족도 조사 및 종결 평가지 완료
- ☐ 멘토링 종결 시 멘티에게 제공하는 작은 선물이나 편지 등 준비
- ☐ 기타(기관에서 요구하는 문서)

〈표 9-2〉 멘토링 활동 종결 평가지

친밀감 및 관계 형성	매우 아니다	거의 아니다	보통 이다	조금 그렇다	매우 그렇다
1 멘토(또는 멘티)와 얼마나 많이 친해졌습니까?	①	②	③	④	⑤
2 멘토링 기간 동안 거리낌 없이 만나고 이야기를 나누었습니까?	①	②	③	④	⑤
3 학습 이외에 개인적인 부분까지 이야기를 나눈 적 있습니까?	①	②	③	④	⑤
멘토/멘티 매칭의 적합성	매우 아니다	거의 아니다	보통 이다	조금 그렇다	매우 그렇다
4 멘토(또는 멘티)가 마음에 드십니까?	①	②	③	④	⑤
5 앞으로 또 다른 기회에 멘토링을 한다면 다시 하겠습니까?	①	②	③	④	⑤
6 멘토링 활동 중 멘토(또는 멘티)와 성격적 차이를 느꼈습니까?	①	②	③	④	⑤
7 멘토(또는 멘티)에게 불만이 있었습니까?	①	②	③	④	⑤
8 자신의 멘토(또는 멘티)가 고쳐야 할 점이 많습니까?	①	②	③	④	⑤

멘토링 활동		매우 아니다	거의 아니다	보통 이다	조금 그렇다	매우 그렇다
9	활동한 내용이 인상 깊고 자신에게 도움이 많이 되었습니까?	①	②	③	④	⑤
10	멘토링 기간 중 만남을 자주 가졌습니까?	①	②	③	④	⑤
11	활동내용은 다양하였다고 생각합니까?	①	②	③	④	⑤
12	멘토링이 학습에 효과적이었다고 생각합니까?	①	②	③	④	⑤
멘토링 효과(만족도)		매우 아니다	거의 아니다	보통 이다	조금 그렇다	매우 그렇다
13	멘토(또는 멘티)와의 멘토링 활동에 만족합니까?	①	②	③	④	⑤
14	멘토링 활동 중 어려움이나 아쉬운 점이 있습니까?	①	②	③	④	⑤
15	멘토링 전과 후를 비교할 때 조그만 변화라도 있었습니까?	①	②	③	④	⑤
16	다시 멘토(또는 멘티)를 하게 된다면 잘할 수 있을 것 같습니까?	①	②	③	④	⑤
17	멘토링을 통해 학습에 대한 생각과 가치가 바뀌었습니까?	①	②	③	④	⑤
18	이제 자신의 삶과 학교생활, 공부에 자신감을 가지고 있습니까? (멘티만 응답)	①	②	③	④	⑤
19	멘토링 활동이 자신의 멘티에게 도움이 되었다고 생각합니까? (멘토만 응답)	①	②	③	④	⑤
멘토링에 관한 종합적인 평가		매우 아니다	거의 아니다	보통 이다	조금 그렇다	매우 그렇다
20	다음에 기회가 된다면 본 멘토링 활동에 다시 참여하겠습니까?	①	②	③	④	⑤
21	멘토링 활동에서 가장 중요한 것은 무엇이라고 생각합니까?	(				)
22	앞으로 멘토링 활동에 참여할 멘토/멘티에게 하고 싶은 말이 있다면?	(				)
23	기타 남기고 싶은 말은?	(				)

3부 멘토링 활동지

다음에는 멘토와 멘티에 관련된 사항을 기록할 수 있는 양식과 출석부, 일정, 계획표, 평가 등에 활용할 수 있는 활동지 등이 제시되어 있습니다.

멘토링의 시작과 진행, 종결에 맞추어 다음의 자료를 적극적으로 활용하여 봅시다.

1. 멘토 프로필

활동하게 된 멘토링의 명칭과 기간, 활동 장소 및 멘토링 목표 등을 적어 봅시다.

- 활동 멘토링 명:

- 활동 기간: 20   년   월 ~ 20   년   월

- 활동 장소:

- 멘토링 목표:

2. 멘티 명단

멘토링에 참여하게 된 멘티의 주요 인적사항을 적어 봅시다. 멘티와 연락이 안 될 경우를 대비하여 보호자 연락처나 소속학교 등을 정확히 기록해 놓도록 합니다.

번호	멘티	소속학교	학년/반	연락처	비고
1				본인:	
				보호자:	
2				본인:	
				보호자:	
3				본인:	
				보호자:	
4				본인:	
				보호자:	
5				본인:	
				보호자:	
6				본인:	
				보호자:	
7				본인:	
				보호자:	
8				본인:	
				보호자:	
9				본인:	
				보호자:	
10				본인:	
				보호자:	

3. 출석부

멘토링 시작 시 출석을 부르는 것은 멘토링 활동이 시작됨을 공식적으로 알리는 역할을 합니다. 또한, 규칙적인 출석 확인은 학생들의 시간 엄수 및 참여 동기를 높이는 역할을 할 수 있으므로 빼놓지 않고 정해진 시간에 기록하도록 합니다. 멘티의 결석이나 지각이 발생한 경우, 그 이유를 파악하고 기록합니다. 추후 멘토링의 종결 및 평가 시에도 멘티의 전반적 출결사항을 반영할 수 있습니다. 또한 성실하게 출석한 멘티에게 작은 선물이나 보상으로 격려해 주는 것도 멘토링 효과를 높이는 좋은 방법입니다.

번호	이름	/	/	/	/	/	/	/	/	/	/	/	/	/	/	비고
1																
2																
3																
4																
5																
6																
7																
8																
9																
10																

4. 멘토링 일정표

멘토링 일정표는 강의계획서와 비슷한 역할을 합니다. 만약 학기 초에 강의계획에 대한 안내 없이 수업에 참여하게 될 경우 많은 불편을 예상할 수 있을 것입니다. 멘토링 활동에서도 그 전반적 계획을 멘티에게 제공함으로써 향후 이루어질 멘토링 활동에 대해 멘티가 준비하고 적극적으로 임할 수 있습니다. 멘토링 일정표를 작성할 때에는 상황에 따라 계획에 변동이 생길 수 있으므로, 어떤 활동이 이루어지는지 멘티와 미리 공유하고 필요한 경우 계획을 수정하도록 합니다. 특히 공휴일이나 멘토와 멘티의 주요 행사(시험, 현장학습, 개교기념일, 운동회, 재량휴업일 등) 일정을 미리 파악하여 멘토링 활동에 차질이 없도록 계획을 세웁시다.

주차	날짜	멘토링 내용	준비물	비고
1				
2				
3				
4				
5				

6				
7				
8				
9				
11				
12				
13				
14				
15				

5. 멘토링 세부 계획표

이제 멘토링 세부 계획표를 활용하여 좀 더 구체적인 멘토링 활동 계획을 세워 봅시다. 필요한 준비물이 있다면 미리 메모하여 활동이 차질 없이 진행되도록 합니다. 활동이 끝난 뒤에는 간단한 결과를 작성하는 것이 좋습니다. 멘티의 출결 사항이나 학습 진도, 잘된 점이나 개선해야 할 사항, 활동 중 발생한 특이사항 등을 자유롭게 작성하고 추후 이루어질 멘토링 활동 계획에 반영하도록 합니다. 이러한 자료는 멘토링 활동 보고서 작성에도 도움이 되므로 꼼꼼히 작성해 봅시다.

▣ 멘토링 사전 준비

멘토링을 시작하기 전에 미리 학교나 기관에서 필요한 안내자료를 받고, 학생들과 시간을 정하는 것이 좋습니다.

▣ 멘티와의 첫 만남

첫 만남은 앞으로의 멘토링 활동을 좌우하는 가장 중요한 시간입니다. 따라서 5분 정도 일찍 도착해서 미리 멘토링이 이루어지는 장소를 세팅하고, 컴퓨터를 활용할 경우 제대로 작동하는지 기본적인 확인을 하도록 합니다.

첫 달의 체크포인트!

☐ 인상적인 첫 만남 준비

☐ 멘토링 안내문 준비

☐ 집중신호 알려 주고 연습하기

☐ 월별 학급활동 계획 세우기

☐ 첫날 꼭 해야 할 일들 미리 생각해 두기(학생별 목표, 교재 정하기, 일정 짜기)

주차	세부 계획	한 주의 평가
1		
2		
3		
4		
5		
6		
7		

174

주차	세부 계획	한 주의 평가
8		
9		
10		
11		
12		
13		
14		
15		

6. 멘티 학습평가 결과표

멘티의 학습 수준에 대한 평가 결과를 기록해 봅시다. 본격적인 멘토링 활동에 앞서 실시한 사전 평가의 경우 이를 바탕으로 멘토링의 진행 수준과 내용을 계획할 수 있고, 추후 지속적인 평가를 통해 향상 정도를 파악하는 것은 효과적인 멘토링에 큰 도움이 될 수 있습니다.

평가 결과표				
과목				
단원				
날짜				
번호 이름	점수			
1				
2				
3				
4				
5				
6				
7				
8				
9				
10				

7. 멘티 상담 일지

효과적인 멘토링을 위해서는 멘티와의 상담이 꼭 필요합니다. 특히 멘토링 초기에 이루어지는 상담은 멘토의 멘티에 대한 이해를 높이고 멘티의 적극적 참여를 이끌 수 있다는 점에서 매우 중요합니다. 또한 상담과정을 통해 멘토와 멘티의 관계를 더욱 돈독히 할 수 있으므로 틈틈이 상담을 실시해 봅시다. 멘티와의 상담을 원활히 하는 데 도움이 되는 방법은 '2부 3장 학습 멘토링 실행하기' 중 '멘토링 관계 다루기'(p. 72) 부분을 참고하기 바랍니다.

30~40분 정도의 집중적인 상담을 할 수 있다면 가장 좋겠지만 상황이 여의치 않은 경우 멘토링 활동 전후에 10여 분 정도의 상담만으로도 충분히 도움이 될 수 있으므로 멘티와의 소통을 꾸준히 시도하도록 합니다. 또한 상담을 진행하고 난 뒤에는 다음의 일지에 간단히 그 내용을 기록하여 추후 자료로 활용해 봅시다.

상담 일지

이름		장래 희망	본인		비고
			부모님		
목표					
장점					
노력할 점					

날짜	유형	상담 내용	상담 평가 및 결론
	시 험 불 안 ☐ 동 기 부 족 ☐ 집 중 력 부 족 ☐ 성 적 저 하 ☐ 학 습 방 법 ☐ 능 력 부 족 ☐ 학습에 대한 회의 ☐ 기 타 ☐		
	시 험 불 안 ☐ 동 기 부 족 ☐ 집중력 부족 ☐ 성 적 저 하 ☐ 학 습 방 법 ☐ 능 력 부 족 ☐ 학습에 대한 회의 ☐ 기 타 ☐		
	시 험 불 안 ☐ 동 기 부 족 ☐ 집중력 부족 ☐ 성 적 저 하 ☐ 학 습 방 법 ☐ 능 력 부 족 ☐ 학습에 대한 회의 ☐ 기 타 ☐		

상담 일지

이름		장래 희망	본인		비고
			부모님		

목표	
장점	
노력할 점	

날짜	유형	상담 내용	상담 평가 및 결론
	시 험 불 안 ☐ 동 기 부 족 ☐ 집 중 력 부 족 ☐ 성 적 저 하 ☐ 학 습 방 법 ☐ 능 력 부 족 ☐ 학습에 대한 회의 ☐ 기 타 ☐		
	시 험 불 안 ☐ 동 기 부 족 ☐ 집 중 력 부 족 ☐ 성 적 저 하 ☐ 학 습 방 법 ☐ 능 력 부 족 ☐ 학습에 대한 회의 ☐ 기 타 ☐		
	시 험 불 안 ☐ 동 기 부 족 ☐ 집 중 력 부 족 ☐ 성 적 저 하 ☐ 학 습 방 법 ☐ 능 력 부 족 ☐ 학습에 대한 회의 ☐ 기 타 ☐		

상담 일지

이름		장래 희망	본인		비고
			부모님		
목표					
장점					
노력할 점					

날짜	유형	상담 내용	상담 평가 및 결론
	시 험 불 안 ☐ 동 기 부 족 ☐ 집 중 력 부 족 ☐ 성 적 저 하 ☐ 학 습 방 법 ☐ 능 력 부 족 ☐ 학습에 대한 회의 ☐ 기　　　타 ☐		
	시 험 불 안 ☐ 동 기 부 족 ☐ 집 중 력 부 족 ☐ 성 적 저 하 ☐ 학 습 방 법 ☐ 능 력 부 족 ☐ 학습에 대한 회의 ☐ 기　　　타 ☐		
	시 험 불 안 ☐ 동 기 부 족 ☐ 집 중 력 부 족 ☐ 성 적 저 하 ☐ 학 습 방 법 ☐ 능 력 부 족 ☐ 학습에 대한 회의 ☐ 기　　　타 ☐		

상담 일지

이름		장래 희망	본인		비고
			부모님		
목표					
장점					
노력할 점					

날짜	유형	상담 내용	상담 평가 및 결론
	시 험 불 안 ☐ 동 기 부 족 ☐ 집 중 력 부 족 ☐ 성 적 저 하 ☐ 학 습 방 법 ☐ 능 력 부 족 ☐ 학습에 대한 회의 ☐ 기 타 ☐		
	시 험 불 안 ☐ 동 기 부 족 ☐ 집 중 력 부 족 ☐ 성 적 저 하 ☐ 학 습 방 법 ☐ 능 력 부 족 ☐ 학습에 대한 회의 ☐ 기 타 ☐		
	시 험 불 안 ☐ 동 기 부 족 ☐ 집 중 력 부 족 ☐ 성 적 저 하 ☐ 학 습 방 법 ☐ 능 력 부 족 ☐ 학습에 대한 회의 ☐ 기 타 ☐		

상담 일지

이름		장래 희망	본인		비고
			부모님		

목표	
장점	
노력할 점	

날짜	유형	상담 내용	상담 평가 및 결론
	시 험 불 안 ☐ 동 기 부 족 ☐ 집 중 력 부 족 ☐ 성 적 저 하 ☐ 학 습 방 법 ☐ 능 력 부 족 ☐ 학습에 대한 회의 ☐ 기　　　타 ☐		
	시 험 불 안 ☐ 동 기 부 족 ☐ 집 중 력 부 족 ☐ 성 적 저 하 ☐ 학 습 방 법 ☐ 능 력 부 족 ☐ 학습에 대한 회의 ☐ 기　　　타 ☐		
	시 험 불 안 ☐ 동 기 부 족 ☐ 집 중 력 부 족 ☐ 성 적 저 하 ☐ 학 습 방 법 ☐ 능 력 부 족 ☐ 학습에 대한 회의 ☐ 기　　　타 ☐		

상담 일지					

이름		장래 희망	본인		비고
			부모님		
목표					
장점					
노력할 점					

날짜	유형	상담 내용	상담 평가 및 결론
	시 험 불 안 ☐ 동 기 부 족 ☐ 집 중 력 부 족 ☐ 성 적 저 하 ☐ 학 습 방 법 ☐ 능 력 부 족 ☐ 학습에 대한 회의 ☐ 기　　　　타 ☐		
	시 험 불 안 ☐ 동 기 부 족 ☐ 집 중 력 부 족 ☐ 성 적 저 하 ☐ 학 습 방 법 ☐ 능 력 부 족 ☐ 학습에 대한 회의 ☐ 기　　　　타 ☐		
	시 험 불 안 ☐ 동 기 부 족 ☐ 집 중 력 부 족 ☐ 성 적 저 하 ☐ 학 습 방 법 ☐ 능 력 부 족 ☐ 학습에 대한 회의 ☐ 기　　　　타 ☐		

상담 일지

이름		장래 희망	본인		비고
			부모님		
목표					
장점					
노력할 점					

날짜	유형	상담 내용	상담 평가 및 결론
	시 험 불 안 ☐ 동 기 부 족 ☐ 집 중 력 부 족 ☐ 성 적 저 하 ☐ 학 습 방 법 ☐ 능 력 부 족 ☐ 학습에 대한 회의 ☐ 기 타 ☐		
	시 험 불 안 ☐ 동 기 부 족 ☐ 집 중 력 부 족 ☐ 성 적 저 하 ☐ 학 습 방 법 ☐ 능 력 부 족 ☐ 학습에 대한 회의 ☐ 기 타 ☐		
	시 험 불 안 ☐ 동 기 부 족 ☐ 집 중 력 부 족 ☐ 성 적 저 하 ☐ 학 습 방 법 ☐ 능 력 부 족 ☐ 학습에 대한 회의 ☐ 기 타 ☐		

상담 일지

이름		장래 희망	본인		비고	
			부모님			
목표						
장점						
노력할 점						

날짜	유형	상담 내용	상담 평가 및 결론
	시 험 불 안 ☐ 동 기 부 족 ☐ 집 중 력 부 족 ☐ 성 적 저 하 ☐ 학 습 방 법 ☐ 능 력 부 족 ☐ 학습에 대한 회의 ☐ 기 타 ☐		
	시 험 불 안 ☐ 동 기 부 족 ☐ 집 중 력 부 족 ☐ 성 적 저 하 ☐ 학 습 방 법 ☐ 능 력 부 족 ☐ 학습에 대한 회의 ☐ 기 타 ☐		
	시 험 불 안 ☐ 동 기 부 족 ☐ 집 중 력 부 족 ☐ 성 적 저 하 ☐ 학 습 방 법 ☐ 능 력 부 족 ☐ 학습에 대한 회의 ☐ 기 타 ☐		

상담 일지

이름		장래 희망	본인		비고	
			부모님			
목표						
장점						
노력할 점						

날짜	유형	상담 내용	상담 평가 및 결론
	시 험 불 안 ☐ 동 기 부 족 ☐ 집 중 력 부 족 ☐ 성 적 저 하 ☐ 학 습 방 법 ☐ 능 력 부 족 ☐ 학습에 대한 회의 ☐ 기　　　타 ☐		
	시 험 불 안 ☐ 동 기 부 족 ☐ 집 중 력 부 족 ☐ 성 적 저 하 ☐ 학 습 방 법 ☐ 능 력 부 족 ☐ 학습에 대한 회의 ☐ 기　　　타 ☐		
	시 험 불 안 ☐ 동 기 부 족 ☐ 집 중 력 부 족 ☐ 성 적 저 하 ☐ 학 습 방 법 ☐ 능 력 부 족 ☐ 학습에 대한 회의 ☐ 기　　　타 ☐		

상담 일지					
이름		장래 희망	본인		비고
			부모님		
목표					
장점					
노력할 점					
날짜	유형		상담 내용		상담 평가 및 결론
	시 험 불 안 ☐ 동 기 부 족 ☐ 집 중 력 부 족 ☐ 성 적 저 하 ☐ 학 습 방 법 ☐ 능 력 부 족 ☐ 학습에 대한 회의 ☐ 기 타 ☐				
	시 험 불 안 ☐ 동 기 부 족 ☐ 집 중 력 부 족 ☐ 성 적 저 하 ☐ 학 습 방 법 ☐ 능 력 부 족 ☐ 학습에 대한 회의 ☐ 기 타 ☐				
	시 험 불 안 ☐ 동 기 부 족 ☐ 집 중 력 부 족 ☐ 성 적 저 하 ☐ 학 습 방 법 ☐ 능 력 부 족 ☐ 학습에 대한 회의 ☐ 기 타 ☐				

8. 주요 교육기관 안내

교수 학습	기초학력향상지원사이트	http://www.basics.re.kr
	에듀넷	http://www.edunet.net
	디지털자료실지원센터	http://dls.ssem.or.kr
	꿀맛닷컴	http://www.kkulmat.com
	인터넷 중독 예방교육	http://www.iapc.or.kr
	e-교과서 온라인 전송 보급	http://book.edunet.net
	e-평가문제은행	http://epb.ssem.or.kr
창의적 체험 학습	소규모 테마형 수학여행	http://gogo.sen.go.kr
	창의·인성 교육넷	http://www.crezone.net
	한국청소년수련시설협회	http://www.youthnet.or.kr
진로 교육	서울진로진학정보센터	http://www.jinhak.or.kr
	워크넷	http://work.go.kr
	한국직업능력개발원-커리어넷	http://www.career.go.kr
교육 기관	국가교육과정정보센터(NCIC)	http://www.ncic.re.kr
	서울특별시교육연구정보원	http://www.serii.re.kr
상담 기관	청소년상담복지개발원	http://www.kyci.or.kr

APA(2015). DSM-5 정신질환의 진단 및 통계 편람. 서울: 학지사.

강명희, 이수연(2013). 청소년의 학업스트레스와 심리적 안녕감의 관계에서 희망 및 자아탄력성의 매개효과. **청소년학연구**, 20(6), 265-293.

강민철, 김수임, 이아라(2015). 취약계층 청소년을 위한 효과적인 멘토링 슈퍼비전의 요소. **아시아교육연구**, 16(2), 1-31.

고홍월, 이자명(2010). 청소년 학습 멘토링에서의 경험. **청소년학연구**, 17(11), 228-262.

관동대학교 교수학습개발센터(2010). **처음부터 차근차근 16주 학습 전략**. 강원: 청송출판사.

김계현, 김동일, 김봉환, 김창대, 김혜숙, 남상인, 천성문(2009). **학교상담과 생활지도**. 서울: 학지사.

김동일, 방나미, 정여주, 허은(2010). 청소년대상 학습상담 멘토링 프로그램 개발 및 효과. **청소년상담연구**, 18(1), 143-172.

김동일, 신을진, 이명경, 김형수(2011). **학습상담**. 서울: 학지사.

김동일, 이대식, 신종호(2009). **학습장애아동의 이해와 교육(2판)**. 서울: 학지사.

김문근(2010). 청소년 멘토링의 의의와 효과적 관계형성 전략. http://www.mentor-korea.co.kr/upload/mentor/mentor_edu/mentor_kim.pdf

김민정(2013). 온라인멘토링이 다문화가정 자녀의 학습 동기와 자기효능감에 미치는 영향. **인문연구**, 68, 331-366.

김수임, 윤숙경, 이자명, 신선임, 김은향, 신미라(2012). **청소년 멘토링 길라잡이**. 서울: 학지사.

김순규, 이재경(2007). 빈곤청소년의 심리, 사회적 적응을 위한 멘토링 프로그램의 효과성 연구. **청소년학연구**, 14(5), 75-98.

김아영, 차정은, 강한아, 임경민, 전현아, 조혜령, 임지영, 석혜은(2012). 학업능력 집단
　　별 학업 스트레스와 학업적 자기조절효능감 간의 관계: 학업동기유형의 매개효과.
　　교육심리연구, 26(2), 543-562.

김은정, 양연숙(2011). 영재아와 일반아의 시험 불안, 학업스트레스 및 학업효능감 비교
　　연구. 영재와 영재교육, 10(1), 123-142.

김재엽, 이동은, 정윤경(2013). 청소년 스트레스가 우울에 미치는 영향에 자원봉사활동
　　의 조절효과. 한국청소년연구, 24(3), 99-126.

김정권, 여광응(1987). 학습준비도검사: 초등학교 입학선별 검사 및 특수아동 조기판별 검
　　사. 서울; 특수교육.

김창대, 이명우(1995). 청소년문제유형분류체계II-호소문제 및 문제환경의 분류-. 서울: 청소
　　년대화의 광장.

김혜온, 김수정(2008). 대학생을 위한 자기주도학습 기술. 서울: 학지사.

김희정(2003). 저소득층가정 청소년의 학교적응력에 영향을 주는 요인. 동덕여자대학교
　　대학원 석사학위논문.

나경숙(2008). 학습 전략과 학습관련 정의적 특성이 중학생의 학업성취에 미치는 영향.
　　전남대학교 교육대학원 석사학위논문.

네이버 지식백과 정세진(2010. 08. 17). 무너진 교육 사다리. 동아일보

두산백과, 멘토링. http://terms.naver.com/entry.hhn?docid

국가건강정보포털 의학정보. 정상 청소년의 성장과 발달

모상현, 박정배, 진은설(2012). 멘토링 효과성 측정영역 및 지표 구인을 위한 탐색적 연
　　구. 청소년학연구, 19(12), 355-381.

문경숙(2006). 학업스트레스가 청소년의 자살충동에 미치는 영향. 아동학회지, 27(5),
　　143-157.

문용린(1995). 종합학습능력진단검사. 대교교육과학연구소.

민하영, 유안진(1998). 학령기 아동의 일상적 생활스트레스 척도 개발. 아동학회지,
　　19(2), 77-96.

민하영, 유안진(1999). 스트레스 상황에 대한 지각된 통제감과 아동의 스트레스 대처행
　　동. 아동학회지, 20(1), 61-77.

박경민(2008). 저소득가정아동대상 대학생 멘토링 프로그램 사례연구. 서울여자대학교
　　대학원 석사학위논문.

박경숙, 이혜숙(1976). 학업에 대한 자아개념 · 태도 · 학습 습관검사 개발에 관한 연구.
　　한국교육, 3(1), 89-99.

박명신, 임선희(2013). 교육복지대상 중학생을 위한 학습 멘토링 프로그램의 효과분석

및 개선방안 연구. **청소년복지연구**, 15(2), 197-225.

박성희, 김희화(2008). 초등학생과 중학생의 학업스트레스와 학습된 무력감 간의 관계. **청소년학연구**, 15(3), 159-182.

박옥임(2006). 농촌 조손가족의 손자녀 연구-3세대가족과의 비교-. 충남대학교 대학원 박사학위논문.

박인우, 김갑수, 김경(2006). 유비쿼터스 환경을 지향하는 미래 교실 구성 방안. 한국교육학술정보원.

박현선(2000). 실직가정 자녀의 적응유연성 증진을 위한 멘토링 프로그램 효과. **한국사회복지학**, 41, 147-172.

방진희(2004). 저소득 한부모 가정 청소년의 심리·사회 적응향상을 위한 멘토링 프로그램 효과성 연구. **사회복지실천**, 4, 113-142.

배현옥(2005). 한국청소년의 학교부적응에 대한 멘토링 효과분석. 동아대학교 대학원 석사학위 논문.

변영계, 강태용(2003). **학습 기술: 공부를 잘하는 방법**. 서울: 학지사.

변영계, 김석우(2002). **학습 기술진단검사 실시 및 해석요강**. 서울: 학지사.

변창진(1993). **학습 기술검사(LSI-C)**. 서울: 마인드프레스.

보건복지부 휴먼네트워크 웹사이트 https://www.humannet.or.kr/mentoportal/mentoring/mentoring_story_07.jsp

부산일보 http://news20.busan.com/controller/newsController.jsp?newsId=2015 1028000232

서울대학교 SAM 멘토링(2011). 대학생 멘토링 사업 운영 보고서.

서울대학교 교육연구소(1995). **교육학용어사전**. 서울: 하우.

서울대학교 교육연구소(2011). **교육학용어사전**. 서울: 서울대학교.

조용개, 손연아, 이석열, 이은화, 이희원, 장상필, 전명남(2007). **성공적인 대학생활을 위한 학습전략 포트폴리오**. 서울: 학지사.

Miller, W. R. & Rollnick, S. (2015). **동기강화상담: 변화 함께하기(3판)** [Motivational interiew-ing: Preparing People for change](신성만, 권정옥, 이상훈 역). 서울: 시그마프레스. (원전은 2002년에 출판)

신은정(2004). 조부모 손자녀세대의 가족 기능과 손자녀의 심리적 특성과의 연구: 자아존중감, 우울, 불안을 중심으로. 경북대학교 대학원 석사학위논문.

아영아, 정원철(2010). 청소년의 학업 및 가족갈등 스트레스가 인터넷 중독에 미치는 영향-스트레스대처능력의 조절효과 중심으로-. **청소년복지연구**, 12(4), 257-277.

양연숙(2012). 초등 영재학생과 일반학생의 학업스트레스에 대한 학업적 자기효능감과 스트레스 대처방식의 상호작용효과. 영재교육연구, 22(4), 841-853.

오미향, 천성문(1994). 청소년의 학업스트레스요인 및 증상 분석과 그 감소를 위한 명상 훈련의 효과. 인간이해, 15, 63-96.

우희숙(2010). 예비교사의 다문화 멘토링 참여 경험에 관한 사례연구. 한국교원교육연구, 27(4), 141-165.

유성경, 이소래(2001). 청소년 비행수준에 따른 위험요소 및 보호요소 분석. 한국심리학회지 상담 및 심리치료, 13(2), 187-205.

윤영미(2009). 자연발생적인 멘토링과 자아발달 및 진로성숙도. 인하대학교 대학원 박사학위논문.

이경화, 손원경(2005). 아동의 학교부적응에 영향을 미치는 관련 변인의 구조분석. 아동학회지, 26(4), 157-171.

이대식, 여태철, 공윤정, 김혜숙, 송재홍(2010). 아동발달과 교육심리의 이해. 서울: 학지사.

이만기(2006). 멘토링의 매개효과 및 조절효과에 관한 연구: 멘토역량과 멘토링 기능을 중심으로. 숭실대학교 대학원 박사학위논문.

이봉주, 김선숙, 김낭희(2010). 한국 아동 발달에 대한 탐색적 연구- 가구의 사회경제적 특성과 사회자본의 영향을 중심으로-. 한국아동복지학, 31, 107-141.

이상희, 노성덕, 이지은(2010). 또래상담(2판). 서울: 학지사.

이서원, 장용언(2011). 학업스트레스가 청소년의 자살생각에 미치는 영향: 가족응집성의 조절효과. 청소년학연구, 18(11), 111-136.

이소임(2002). 결손가정 청소년의 멘토링 프로그램 초기 관계경험에 관한 질적연구. 전북대학교 대학원 석사학위논문.

이수정(2014). 대학생의 다문화가정 학생 대상 멘토링 경험이 다문화 인식에 미치는 효과. 다문화교육연구, 7(4), 1-22.

이주현, 이순묵(2002). 시험 불안과 동기. 교육심리연구, 16(3), 181-196.

이한열(2010). 초등학생의 스트레스에 관한 연구: 스트레스 대처방식, 부모-자녀간의 의사소통 유형, 학습 동기와의 관련성. 경희대학교 대학원 석사학위논문.

이현아(2004). 청소년 대상 멘토링에 대하여. 교육논집, 16, 405-431.

이혜영(2005). 교육복지투자우선지역 지원산업 효과분석과 발전방안. 서울: 한국교육개발원.

이혜정, 성은모(2011). 대학교육에서 대학생 중심의 교수설계를 위한 최우수 학습자의 학습특성 및 학습 전략 탐색. 교육공학연구, 27(1), 1-35.

임미순(2008). 학습 기술과 학습 습관 및 시험 불안과의 관계. 경남대학교 교육대학원 석사학위논문.

임은미(1998). 학습 동기 및 부모행동과 학업 성취도의 관계. 서울대학교 대학원 박사학위논문.

전길수(2011). 학업성취수준에 따른 초등학생의 행복감과 생활스트레스 비교. 공주교육대학교 대학원 석사학위논문.

한국교육개발원(1989). 기초 학습기능검사 개발연구. 한국교육개발원

전미진(2002). 학교부적응 학생의 적응력향상을 위한 멘토링 프로그램 효과성에 관한 연구. 부산대학교 대학원 석사학위논문

전명남(2003). 높은 학업성취 대학생의 학습 전략과 수행분석. **교육심리연구**, 17(4), 1-28.

정범모, 이성진(1995). **학업성취의 요인**. 서울: 교육출판사.

정주영(2010). 초등학생의 학업 스트레스가 학업성취도에 미치는 영향에 관한 구조적 분석. **한국교육학연구**, 16(1), 129-152.

조붕환(2006). 초등학생의 생활스트레스와 스트레스 대처행동 척도 개발을 위한 연구. **아동교육**, 15(3), 5-21.

최경일(2007). 한부모 가정의 청소년과 교사 간 멘토링 프로그램의 효과성 연구. **청소년복지연구**, 10(1), 47-67.

최이원(2003). 중학생 멘토링 경험이 자아정체감 형성에 미치는 영향. 명지대학교 석사학위논문.

최정원, 이영호(2006). **학습치료 프로그램 지침서**. 서울: 학지사

하성민(2001). 비행청소년을 위한 멘터링 프로그램 효과성 연구: 보호관찰대상 청소년을 중심으로. 한림대학교 석사학위논문.

한국교육심리학회(2000). **교육심리학 용어사전**. 서울: 학지사.

한국청소년상담복지개발원(2013). **청소년 학업상담**. 한국청소년상담복지개발원.

한국학습능력개발원(2010). **한국 학습 성격 검사**. 한국 학습능력 개발원.

황경렬(1997). 행동적, 인지적, 인지-행동 혼합적 시험 불안 감소훈련의 효과비교. **한국심리학회지: 상담과 심리치료**, 9(1), 57-80.

American Psychiatric Association (2013). *Diagnostic and Statistical Mannal of Mental Disorders*(5th Edition). American Psychiatric Assocation.

Aseltine, Dupre, & Lamlein(2000). Mentoring as a drug prevention Strategy: An Evaluation of "Across Ages". Adolescent & Family Health 1(1), 11-20.

Brumskine-Labala, H. L. (2002). *The impact of mentoring on the academic achievement of the reluctant learner: A case study of the adult guide program at Cambridge-South Dorchester high school.* Unpublished doctoral dissertation, University of Delaware, Newark, USA.

Cannister, M. W. (1999). Mentoring and the Spiritual Well-Being of Late Adolescents. *Adolescence, 34*(4), 769-780.

Cornford, I. R. (2002). Learning-to-learn strategies as a basis for effective lifelong learning. *International Journal of Lifelong Education, 21*(4), 357-368.

DuBois, D. L. & Neville, H. A. (1997). Youth mentoring: Investigation of relationship characteristic and perceived benefits. *Journal of Community Psychology, 25*(3), 227–234.

Ellis, D. (2006). *Becoming a master student*(11th Edition). Boston: Houghton Mifflin Company.

Grossman, J. B. & Tierney, J. P. (1998). Does mentoring work? An impact of the Big Brothers/Big Sisters program. *Evaluation Review, 22*, 403–426.

Hamilton Fisher Institute on School and Community Violence & National Mentoring Center (2007). *Effective strategies for providing quality youth mentoring in schools and communities: Foundations of successful youth mentoring.* Northwest: HFISCV & NMC Northwest Regional Educational Laboratory.

Kim, A. (2002). *Taxonomy of student motivation paper presented at the annual conference of American Educational Association.* New Orleans, April.

Louden, D. M. (1980). A comparative study of self-esteem among minority group adolescents in Britain. *Journal of Adolescence, 3*, 17-23.

Morgan, C. T. & King, R. A. (1971). *Introduction to Psychology.* New York: Mcgraw-hill, Inc.

Noe, R. A. (1988). An investigation of the determinants of successful assigned mentoring relationships. *Personnel Psychology, 41*, 457-479.

Ormond, S. (2004). The impact on retention of interventions to support distance learning students. *Open Learning, 19*(1), 79-95.

Rhodes, J., Reddy, R., Roffman, J. & Grossman, J. B. (2005). Promoting Successful Youth Mentoring Relationships: A Preliminary Screening Questionnaire. *Journal of primary prevention, 26*(2), 147-167.

Vallerand, R. J. & Bissonnett, R. (1992). On the predictive effect of intrinsic, extrinsic, and amotivational styles on behavior: A prospective study. *Journal of Personality, 60,* 599-620.

저자 소개

김은향(Kim, Eunhyang)
서울대학교 사범대학 교육학과(교육상담) 박사
(현) 가천대학교 사회정책 대학원 조교수
　　　전문상담교사(1급)
　　　청소년상담사(2급)

김수임(Kim, Sooim)
서울대학교 사범대학 교육학과(교육상담) 박사
(현) 용문상담심리대학원 대학교 조교수
　　　한국상담학회 전문상담사(수련감독급)
　　　한국상담심리학회 상담심리사(1급)

신선임(Shin, Sunim)
서울대학교 사범대학 교육학과(교육상담) 박사
(현) 숭실대학교 베어드학부대학 조교수
　　한국상담학회 전문상담사(수련감독급)
　　한국상담심리학회 상담심리사(1급)

이자명(Lee, Jamyoung)
서울대학교 사범대학 교육학과(교육상담) 박사
(현) 명지대학교 교육대학원 조교수
　　청소년상담사(1급)
　　영상영화심리상담사(1급)

학습 멘토링 길라잡이

멘토링 및 청소년 동반자 활동을 위한 상담적 접근
Practice Guide to Learning Mentoring
(A Guide for Learning Mentors and Youth Companion)

2016년 6월 20일 1판 1쇄 인쇄
2016년 6월 30일 1판 1쇄 발행

지은이 • 김은향 · 김수임 · 신선임 · 이자명
펴낸이 • 김진환
펴낸곳 • (주) **학 지 사**

04031 서울특별시 마포구 양화로 15길 20 마인드월드빌딩
대표전화 • 02)330-5114   팩스 • 02)324-2345
등록번호 • 제313-2006-000265호

홈페이지 • http://www.hakjisa.co.kr
페이스북 • https://www.facebook.com/hakjisabook

ISBN 978-89-997-0975-3 93370

정가 15,000원

이 도서의 국립중앙도서관 출판시도서목록(CIP)은 서지정보유통지
원시스템 홈페이지(http://seoji.nl.go.kr)와 국가자료공동목록시스템
(http://www.nl.go.kr/kolisnet)에서 이용하실 수 있습니다.
(CIP제어번호: CIP2016013453)

교육문화출판미디어그룹 학 지 사

심리검사연구소 **인싸이트** www.inpsyt.co.kr
원격교육연수원 **카운피아** www.counpia.com
학술논문서비스 **뉴논문** www.newnonmun.com